U0740976

执行力

刘兴彪 / 著

绝知此事要躬行

接受任务不讲条件，执行任务不找借口

中国出版集团　现代出版社

图书在版编目(CIP)数据

执行力:绝知此事要躬行／刘兴彪著. —北京:现代出版社,2013.11
ISBN 978 - 7 - 5143 - 1835 - 7

Ⅰ.①执… Ⅱ.①刘… Ⅲ.①管理学 - 通俗读物
Ⅳ.①C93 - 49

中国版本图书馆 CIP 数据核字(2014)第 049498 号

作　　者	刘兴彪	
责任编辑	张　璐	
出版发行	现代出版社	
通讯地址	北京市安定门外安华里 504 号	
邮政编码	100011	
电　　话	010 - 64267325 64245264(传真)	
网　　址	www.1980xd.com	
电子邮箱	xiandai@ cnpitc. com. cn	
印　　刷	北京兴星伟业印刷有限公司	
开　　本	700mm×1000mm　1/16	
印　　张	13	
版　　次	2019 年 4 月第 2 版　2019 年 4 月第 1 次印刷	
书　　号	ISBN 978 - 7 - 5143 - 1835 - 7	
定　　价	39. 80 元	

P 前 言
REFACE

为什么当今时代的青少年拥有幸福的生活却依然感到不幸福、不快乐？怎样才能彻底摆脱日复一日地身心疲惫？怎样才能活得更真实快乐？

美国某大学的科研人员进行过一项有趣的心理学实验，名曰"伤痕实验"：每位志愿者都被安排在没有镜子的小房间里，由好莱坞的专业化妆师在其左脸做出一道血肉模糊、触目惊心的伤痕。志愿者被允许用一面小镜子看看化妆的效果后，镜子就被拿走了。

关键的是最后一步，化妆师表示需要在伤痕表面再涂一层粉末，以防止它被不小心擦掉。实际上，化妆师用纸巾偷偷抹掉了化妆的痕迹。对此毫不知情的志愿者被派往各医院的候诊室，他们的任务就是观察人们对其面部伤痕的反应。规定的时间到了，返回的志愿者竟无一例外地叙述了相同的感受——人们对他们比以往粗鲁无理、不友好，而且总是盯着他们的脸看！可实际上，他们的脸上与往常并无二致，什么也没有；他们之所以得出那样的结论，看来是错误的自我认知影响了判断。

这真是一个发人深省的实验。原来，一个人在内心怎样看待自己，在外界就能感受到怎样的眼光。同时，这个实验也从一个侧面验证了一句西方格言："别人是以你看待自己的方式看待你。"不是吗？一个从容的人，感受到的多是平和的眼光；一个自卑的人，感受到的多是歧视的眼光；一个和善的人，感受到的多是友好的眼光；一个叛逆的人，感受到的多是挑衅的眼光……可以说，有什么样的内心世界，就有什么样的外界眼光。

在喧嚣的环境中，就会觉得宁静是何等的难能可贵。其实"心安处即自由乡"，善于调节内心是一种拯救自我的能力。当人们能够对自我有清醒认识，对他人能宽容友善，对生活无限热爱的时候，一个拥有强大的心灵力量的你将会更加自信而乐观地面对现实，面向未来。

本丛书将唤起青少年心底的觉察和智慧，给那些浮躁的心清凉解毒，进而帮助青少年创造身心健康的生活。本丛书从心理问题的普遍性着手，分别描述了性格、情绪、压力、意志、人际交往、异常行为等方面容易出现的一些心理问题，并提出了具体实用的应对策略，以帮助青少年朋友科学调适身心。

C目 录
ONTENTS

第十一章 有挑战才有创新和突破

第十二章 时间管理

第十三章 效能思维

第一章 服从，之后完美执行

服从是军人的天职，而在西方，它也体现为一种美德。对于每一位员工也一样，对上司工作的每一步安排，都必须服从并认真履行，一项完美的工作正是由这样一环扣一环的执行构成的。"三大纪律，八项注意"里的第一就是纪律：一切行动听指挥。服从，是成就杰出职员的第一步；服从，就是不找借口；服从，是优秀职员的第一准则；服从，是优秀员工的一种美德！马上行动吧，把自己的热情和能力都投入到工作中去，立志做最优秀的员工，把这个定为自己的一个目标，朝着这个目标奋进吧！因为，我们可以从优秀做到卓越。

完美工作始于服从

毫无疑问，一个高效的企业必须有良好的服从观念，一个优秀的员工也必须有服从意识。

很少有人会知道哈里·杜鲁门总统为何解除了道格拉斯·麦克阿瑟将军的职务。杜鲁门总统在解除麦克阿瑟将军职务时说，他之所以终止麦克阿瑟将军的政治生涯，既不是由于麦克阿瑟将军同他意见不一致，也不是由于麦克阿瑟将军对他进行人身攻击，而是由于麦克阿瑟将军不尊重总统办公厅的意见，不服从他们的命令，这是绝对不能容忍的。麦克阿瑟最后被撤职，就是因为他不服从上级。

1951 年 4 月 11 日，杜鲁门总统下令撤销了麦克阿瑟的一切职务。最让麦克阿瑟尴尬的是，他是在新闻广播中获悉自己被撤职的。这一消息实在太突然了，没有丝毫思想准备的麦克阿瑟听到后，面部表情一下子呆滞了。他万万没有想到，功勋卓著的他，会被总统在战场上撤销一切职务。

不仅是在战场上、政坛上要服从上级的指令，在组织中、在公司里，也要服从领导的指挥与安排。当然，这不是说你一定要赞成上司的见解。但在公司中，必须要保持上级指挥下级、下级服从上级的制度。若是不注意这一点，不但会给本人造成麻烦，公司的业务进展也会不顺利。

当然，如果领导的决策错误时，你可以大胆地说出你的想法，让你的领导明白，作为下属的你不是在刻板执行他的命令，你一直都在斟酌考虑，考虑怎样做才能更好地维护公司的利益和他的利益。但是，我要告诉你，无论你在公司的职位有多高，只要你身为公司的员工，你就要谨记一点：你是来协助领导完成经营决策的，不是由你来制定决策的。所以，领导的决定，哪怕不尽如你意，甚至与你的意见完全相反，当你的建议无效时，你应该完全放弃自己的意见，全心全力去执行领导的决定。在执行时，如果发现这项决定的确是错误的，尽可能地使这项错误造成的损失降到最低限度，这才是你应有的态度。

想要使自己在职场上立住脚，必须要视服从为天职。这样才能远离没有服从精神的"乌合之众"，向追求卓越的员工看齐。

魔力悄悄话

每个人都有自己的个性，要做到"没有任何借口地服从"并非易事。沃尔玛能将其视为优秀雇员的重要行为准则，自然也必有它重要的作用。

面对困难，要坚决执行

从《致加西亚的信》中我们可以从罗文身上学到一种精神，那就是全力以赴地完成任务——把信送给加西亚。

许多员工之所以工作没有效率，得不到上级的重视，就是因为做事轻率，不能像罗文那样尽心尽力，全力以赴。这些人对于自己所做的工作从来不会做到尽善尽美。

通用电气（GE）前董事长兼首席执行官杰克·韦尔奇曾深有感触地说："我最不喜欢听到下属在接受任务时说：'NO（不）'，而只爱听他们说'YES（是）'。每当有工作要交给属下处理时，我都希望属下愉快地接受，然后说一句'OK！我一定会尽快办好！'或者说'OK！我一定会尽最大努力去做！'"

在通用公司如此，在其他公司也一样。当领导给你安排任务时，你会很自然地想到两个问题：第一，这是一件非常艰巨的任务，需要花费很大的精力和时间，我能不能办，或者应该怎样去办？第二，布置任务的上司正在等待你表态，等待你给他一个明确的答复，你是尽自己最大努力去做呢，还是对上司说"不"？

如果是个经验丰富的下级的话，这些问题都不是问题。首先，对于第一个问题，不应考虑过多，不要过多地去想完成这项任务如何如何困难，更没有必要现在就担心完不成的后果。只需牢记事在人为的道理和有志者事竟成的箴言。同时明白上司对你的能力和水平是了解的，对你能否完成任务，也是心中有数的。因此，你可以直接避开第一个问题，考虑第二个问题，然后用坚定的语气回答："好的，我一定完成任务！"或"我会尽最大努力去做！"，等等。这时，说不准领导还会因为你能为他分担重任对你产生谢意和更深的信任。

不要对工作抱一种可有可无的态度。对于工作，无论是工作中的大事还是小事，都要全力以赴，发挥出自己最大的能力。但事实上，好多员工懒惰,不喜欢付出,当看到自己的同事受到上级表彰的时候,在一旁冷眼旁观地说一句:"哼,这种成绩我也能取得,只是我没有全身心投入,等我全力以赴的时候,肯定比他做得好。"这种人肯定会滑入职场的低谷,因为他们不会像说得一样"全力以赴"。因此,即使你有能力,但没有做出业绩,谁又知道呢?所以,工作中,无论做什么都要全力以赴,尽自己最大的努力去做好,这样即使失败也无怨无悔。

在工作中应该严格要求自己,能做到最好,就不能允许自己只做到一般;能完成100%,就不能只完成99%,能尽到100%的心,就不要只尽到99%的心。

某年一家世界500强企业的财政发生了困难。这件事被在外头负责推销的销售人员知道了,他们因此失去了工作的热忱,销售量开始下跌。到后来,情况更为严重,销售部门不得不召集全体销售员开一次大会,各地的销售员皆被召去参加这次会议。销售部的主管贝里先生主持了这次会议。

首先,他请手下最佳的几位销售员站起来,要他们说明销售量为何会下跌。这些被唤到名字的销售员一一站起来以后,每个人都有一段最令人震惊的悲惨故事要向大家倾诉:商业不景气,资金缺少,人们都希望等到大选揭晓以后再买东西,等等。

当第五个销售员开始列举使他无法完成销售配额的种种困难时,贝里先生突然跳到一张桌子上,高举双手,要求大家肃静。然后,他说道:"停止,我命令大会暂停10分钟,让我把我的皮鞋擦亮。"

然后,他命令坐在附近的一名小男孩把他的擦鞋工具箱拿来,并要求这名小男孩把他的皮鞋擦亮,而他就站在桌子上不动。

在场的销售员都惊呆了。有些人以为贝里发疯了,人们开始窃窃私语。在这时,那个小男孩先擦亮他的第一只鞋子,然后又擦另一只鞋子,他不慌不忙地擦着,表现出第一流的擦鞋技巧。

皮鞋擦亮之后,贝里先生给了这个小男孩一毛钱,然后发表他的演说。

他说:"我希望你们每个人,好好看看这个小男孩。他拥有在我们整个工厂及办公室内擦鞋的特权。之前担当他这个工作的是位年纪比他大得多的男孩。尽管公司每周补贴他5元的薪水,而且工厂里有数千名员工,但他仍然无法从这个公司赚取足以维持他生活的费用。

"这个小男孩不仅可以赚到相当不错的收入,既不需要公司补贴薪水,每周还可以存下一点钱来。而他和之前那个擦鞋匠的工作环境完全相同,也在同一家工厂内,工作的对象也完全相同。

"现在我问你们一个问题,那个前任男孩拉不到更多的生意,是谁的错? 是他的错还是顾客的错?"

那些推销员不约而同地大声说:

"当然了,是那个男孩的错。"

"正是如此。"贝里回答说,"现在我要告诉你们,你们现在推销收银机和一年前的情况完全相同:同样的地区、同样的对象以及同样的商业条件。但是,你们的销售成绩却比不上一年前。这是谁的错? 是你们的错,还是顾客的错?"

同样又传来如雷般的回答:

"当然,是我们的错!"

"我很高兴,你们能坦率承认自己的错误。"贝里继续说,"我现在要告诉你们,你们的错误在于,你们听到了有关本公司财务发生困难的谣言,这影响了你们的工作热情。因此,你们就不像以前那般努力了。只要你们回到自己的销售地区,并保证在以后的 30 天内,每人卖出 5 台收银机,那么,本公司就不会再发生什么财务危机了。你们愿意这样做吗?"

大家都说"愿意",后来果然办到了。那些种种借口:商业不景气、资金缺少、人们都希望等到大选揭晓以后再买东西等,仿佛根本就不存在似的,统统消失了。

魔力悄悄话

任何一位渴望优秀的员工必须拿出自己的最佳状态,全力以赴,不为工作留一点余地。这样,才是真正地应对危机、解决问题的最佳办法,也是事业取得成功的不二法门。

要有追求完美的执行力

世界中有千千万万的人,而真正做出一番事业的人就那么几位。为什么同样生活在这个世界上,有的人能够走向卓越,而大多数人却只能平平淡淡地度过一生呢?这是因为大多数人满足于平庸,他们已经习惯了平庸。

在公司中,很多人都以为自己做得已经足够好了,真的是这样吗?你真的已经做得尽善尽美了吗?你真的已经发挥了自己最大的潜能了吗?如果你的回答是肯定的,说明你已经习惯了平庸,优秀的员工是绝不会就此满足的,他们拒绝平庸,追求卓越。

拒绝平庸,追求卓越首先是一种心态问题,你要自觉意识到你的工作是不平凡的。不要认为自己的工作是平庸的,一旦你有了这个想法,那么你的工作真是平庸的。你做出的工作不会被人重视,你也感觉不到自己生命的价值。只要工作,就要拒绝平庸,无论做什么工作都要把它做到最好,都要追求卓越。

要想从合格迈向卓越,就必须养成事事追求卓越的习惯。一位作家这样说过:"无论做什么事情,都应该尽心尽力,一丝不苟,因为究竟什么才是事关真正的大局,什么才是最重要的,这一点其实我们并不清楚。也许,在我们眼里微不足道的细节,实际上却可能生死攸关。"美国金融家斯蒂芬·吉拉德几乎就是追求卓越的化身。凡是他颁布的命令,必须严格执行,不能有丝毫违背。他有一句广为人知的名言:"我们要的,不是做得很少有错,而是做得没有任何一点儿错。"

有一个叫恺撒的年轻人,因为家境困难,没有读多少书。他到一家工厂做车间工人时,工友似乎个个都比他更有文化,更讨老板欢心。

然而,时间一久,情形发生了变化,老板开始交给他一些不属于工人办的事情。比如去某客户那里送交一些资料,去某供应商那里联络一些原料。后来,老板甚至让他管理工厂的现金。很快,恺撒学会了工厂经营管理的很多知识,成了老板身边的得力助手。

有一天，老板问恺撒："你知道我为什么如此器重你吗？"

恺撒不知道。

"因为你总是做得最好。你还在车间里的时候，虽然没人要求你，你还是精益求精，你所生产的产品合格率远远超出了我的期望值。后来，我让你办其他事情，你所做的，也比其他人做得好。"老板说。

在企业里，我们常常听到这样的声音："我没有机会，老板不重视我。"老板重视你的前提，应该是你用才能去引起老板的重视，如果你做到了最好——像恺撒那样，老板会不重视你吗？

事实上，面对激烈的竞争，你应该不断地超越平庸，追求完美，你需要制定一个高于他人的标准。为自己设定一个比他人更高的标准：不推脱、不敷衍、尽全力。这样的人是异常优秀的人，他们不仅仅会做别人要求他们做的，而且会出人意料地做得非常完美。

一位哲人说：成功是因为你一定要成功，走向成功是因为你选择了成功。每个人都要自己选择。你可以选择一种得过且过的生活，当然你也可以选择一种追求完美的生活。当然，选择了就要去做，而且要处处体现在工作中，这样，才有成功的机会。

有 3 个年轻人去一家世界 500 强企业应聘采购主管。他们都是从上百位竞争者中挑选出来复试的，因此竞争很是激烈。

在整个面试过程中，他们经过一番番测试后，在专业知识与经验上各有千秋，难分伯仲。随后招聘公司总经理亲自面试，他提出了这样一道问题，题目为：

假定公司派你到某工厂采购 4999 个信封，你需要从公司带去多少钱？

几分钟后，应试者都交了答卷。第一名应聘者的答案是 430 元。

总经理问："你是怎么计算呢？"

"就当采购 5000 个信封计算，可能要 400 元，杂费就 30 元吧！"答者对答如流。但总经理却未置可否。第二名应聘者的答案是 415 元。对此他解释道："假设 5000 个信封，大概需要 400 元左右，另外可能需用 15 元。"总经理对此答案同样也没表态。但当他拿第三个人的答卷，见上面写的答案是419.42 元时，不觉有些惊异，立即问："你能解释一下你的答案吗？""当然可以，"该年轻人自信地回答道，"信封每个 8 分钱，4999 个是 399.92 元。从公司到工厂，乘汽车来回票价 10 元。午餐费 5 元。从工厂到汽车站有一里半路，请一辆三轮车搬信封，需 3.5 元。总费用为 419.42 元。"

总经理不觉露出了会心一笑,收起他们的试卷,说:"好吧,今天到此为止,明天你们等通知。"很显然,被录用的肯定是第三位应聘者。

第三位赢就赢在他的认真与精确上,这反映出他在工作中追求卓越的态度。现在绝大多数的员工都是做事寻求"差不多"的效果。一个是否精确的数字,反映出的是卓越员工与平庸者之间的差别。

魔力悄悄话

现实生活中的人,不妨问一下自己:"你会在生活和工作中追求卓越吗?你的工作可以做得更好吗?"

选择过一种完美的生活,追求目标,做自己想做的梦,人人定能成功。

责任心是良好执行力的基础

老板喜欢的是那些不论老板在或不在都能坚持做自己工作的人。这种员工会默默地接受上级下达的工作，不会提出任何幼稚的问题，他们会尽力去把工作做好，永远不会在工作中偷懒。他们永远都不会被解雇，他们更不会为了加薪而罢工。这种员工总是优秀企业最渴求的人。

一个不负责任、没有责任意识的员工，不但不会忧企业之忧，想企业之想，而且有可能给企业带来损失。

沃尔玛超市一店长在超市视察时，看到一名员工对前来购物的顾客极其冷淡，偶尔还发发脾气，令顾客极为不满。

这位店长问清缘由之后，对这位员工说："你的责任就是为顾客服务，令顾客满意，并让顾客下次还到我们这里来，但是你的所作所为是在赶走我们的顾客。你这样做，不仅没有担当起自己的责任，而且使企业的利益受到损害。你懈怠工作不负责任，也就失去了企业对你的信任。一个不把自己当成企业一分子的人，就不能让企业把他当成自己的人，你可以走了。"这位缺乏责任意识的员工尝到了他种下的苦果。

其实，履行职责，是对一个人最基本的要求，也是最重要的要求。事实上，很多人并没能履行自己的职责。履行职责给了每一个人实现忠诚获得成功的机会，因为每一个人都有履行职责的机会。同时，它也给每一个梦想成功者提供了一种途径：你并不需要叱咤风云，并不需要惊天动地，只要你尽心尽力、勇于负责，就可以成为成功者。

事业成功的人大都是这样：高度责任心；工作态度表里如一、一丝不苟；永远充满激情。他们的成功是一种透明的成功，没有半点虚假，没有半点水分。当年的迈克尔·乔丹是篮球场上无敌的"飞人"，年薪上千万美元；白发苍苍的美国 Viacom 公司董事长萨默·莱德神采奕奕，永远年轻，他所领导的公司在美国拥有很大的名气；已是全球首富的比尔·盖茨仍潜心凝神地工作，决意把微软的产品卖到全球每一个地方……在这里，虽然他们的身份各异,或者是球星,或者是公司的董事长,但是他们的态度却有着惊人的相似:尽职尽责地对待工作,百分之百地投入工作,从来没有想过要投机取巧,从来不会在工作上打折扣。

所以说,一个人在执行中能否尽职尽责,决定了其执行的结果是否完美。

唐骏可以说是当今 IT 界的精英。他刚进微软时,担任微软最基层的程序员,成为微软这个大"蜂巢"里千千万万的"工蜂"之一。

微软当时正在开发 Windows,先做英文版,然后再由一个 300 人的大团队开发成其他语言版本。以中文版为例,并不只是翻译菜单那么简单,许多源代码都需要重新改写。比如 Word 里打完一行字自动换行,英文是单字节的,中文却是双字节,比如一个"好"字,如果照英文版来,可能"女"在上一行末尾,"子"就到了下一行开头。为此,大家不懈努力修改了大半年,才改出满意的中文版。所以最初 Windows 上市后,中文版过了 9 个月才上市;到了 Windows3.1,中文版上市时间更是滞后了 1 年多。

埋头开发 10 个月后,唐骏越想越觉得不对劲:常年雇那么多人做新版本,成本太高;其他语言版本推迟那么久上市,实在是贻误良机。

能不能改进一下?下了班,唐骏开始动脑筋,琢磨怎样才能解决这个问题。半年后,他写出了几万行代码,反复运行,证明他的程序经得起检验,才找老板面谈。公司又花了 3 个月时间进行认证,于是,原先的 300 人团队一下缩减到了 50 人。凭借这个业绩和表现出来的对待工作精益求精的精神,唐骏得到了提升,在微软一直做到微软(中国)总裁的位置,也获得了微软很少颁发的"比尔·盖茨终身成就奖"。

魔力悄悄话

对工作尽职尽责才能尽善尽美,唐骏用他的经历证明了这一点。任何一位梦想成功的员工不妨就从这最基本的工作做起,为自己的成功积蓄力量。

第二章
成为解决问题的高手

　　如果有人问你:你有解决问题的能力吗? 相信没有人会回答:没有。我当然有解决问题的能力,否则我怎能在职场上工作? 这是每一个人共同的答案。可是我的答案稍有不同, 每个人都有解决问题的能力,但真正处境艰难、颠沛流离之际,就不见得每一个人都有这种能力了。根据我的经验,一个真正具有解决问题能力的人,不论你把什么事交给他,他大部分时候都能把事情办成,不论这些事情有多困难! 走向成功的过程,就是不断解决问题的过程,所以我们要善于解决问题, 世上所有的问题的解决方法有很多种,只要我们善于观察,勤于思考,就会找到其中的最佳方法,从而成为一个解决问题的高手。

善于找到好的方法是良好执行力的体现

在现在的公司中,主动找方法去解决问题的人,总是公司的稀有资源。不管是国内还是国外,只要有这样的人出现,他们就能够像明星一样闪耀。哪怕他没有刻意去追求机会,机会也会主动找上门来。假如你通过找方法做了一件乃至几件让人佩服的事,就能很快脱颖而出并获取更多的发展机会。

多年前,美国兴起石油开采热。有一个雄心勃勃的小伙子,也来到了采油区。但开始时,他只找到了一份简单枯燥的工作,他觉得很不平衡,心想:我那么有创造性,怎么能只做这样的工作?于是便去找主管要求换工作。

没有料到,主管听完他的话,只冷冷地回答了一句:"你要么好好干,要么另谋出路。"

那一瞬间,他涨红了脸,真想立即辞职不干了,但考虑到一时半会儿也找不到更好的工作,于是只好忍气吞声又回到了原来的工作岗位。

回来以后,他突然有了一种感觉:我不是有创造性吗?那么为何不能就从这平凡的岗位上做起呢?

于是,他对自己的那份工作进行了细致的研究,发现其中的一道工序,每次都要花 39 滴油,而实际上只需要 38 滴就够了。

经过反复试验,他发明了一种只需 38 滴油就可使用的机器,并将这一发明推荐给了公司。可别小看这 1 滴油,它给公司节省了成千上万的成本。

这位年轻人就是洛克菲勒,美国最有名的石油大王。

上述故事说明了一个道理:在任何单位、任何机构,能够主动运用智慧去工作的人,最容易做出成绩,一旦做出成绩,你的事业就可以更上一层楼。

事实上,成大事者和平庸之辈的根本区别之一,就在于他们是否在遇到困难时理智对待,主动寻找解决的方法。只有敢于去挑战,并在困局中突围而出,才能奏出激越雄浑的生命乐章,最大化地彰显人性的光辉。诗人泰戈尔曾经说过:"当鸟翼系上黄金时,就飞不远了。"如若我们在困难来临时选择了逃避或自暴自弃,而不是坚持不懈地挑战和克服"困局",就会被困难所累而最终碌碌无为,和那只永远也飞不高的鸟儿没有两样。

勤于思考,不断提出新方法的员工是最受老板喜欢的员工。无论他们提出的建议和方法是否可行,他们都运用自己的经验去思考了,在思考过程中,他们会更多地了解公司的情况,至少他们的思维不是懒惰的。世界500强企业最不能容忍的就是思维僵化的员工。只要敢想,敢于创新,就会受到老板的重用。

一位世界500强企业的总裁描述自己心目中的理想员工时说:"我们所急需的人才,是积极思考,不断地寻找新的方法,勇于向'不可能完成'的工作挑战的人。"

麦肯锡咨询公司要招聘一名高级女职员,一时应聘者如云。经过一番激烈的比拼,莫尼卡、凯丽和苏珊3人脱颖而出,成为进入最后阶段的候选人。3个人都是世界名牌大学的高才生的美女,又各有千秋,条件不相上下,竞争到了白热化状态。她们都在小心翼翼地做着准备,力争使自己成为"笑到最后"的胜利者。

这天早上8点,3人准时来到公司人事部。人事部部长给她们每人发了一套白色制服和一个精致的黑色公文包,说:"3位小姐,请你们换上公司的制服,带上公文包,到总经理室参加面试。这是你们最后一轮考试,考试的结果将直接决定你们的去留。"3位美女脱下精心搭配的外衣,穿上那套白色的制服。人事部部长又说:"我要提醒你们的是,第一,总经理是个非常注重仪表的先生,而你们所穿的制服上都有一小块黑色的污点。毫无疑问,当你们出现在总经理面前时,必须是一个着装整洁的人,怎样对付那个小污点,就是你们的考题;第二,总经理接见你们的时间是8点15分,也就是说,10分钟以后,你们必须准时赶到总经理室,总经理是不会聘用一个不守时的职员的。好了,考试开始了。"

3个人立即行动起来。

莫尼卡用手反复去揩那块污点,反而把污点越弄越大,白色制服最终被弄得惨不忍睹。她紧张起来,红着脸央求人事部部长能否给她再换一套制服,没想到,人事部部长抱歉地说:"绝对不可以,而且,我认为,你没有必要到总经理室去面试了。"莫尼卡一下子愣住了,当她知道自己已经被取消了竞争资格后,眼泪汪汪地离开了人事部。

与此同时,凯丽已经飞奔到洗手间,她拧开水龙头,撩起自来水开始清洗那块污点。很快,污点没有了,可麻烦也来了,制服的前襟处被浸湿了一大片,紧紧贴在身上。于是,凯丽快步移到烘干器前,打开烘干器,对着那块浸湿处烘烤着。烤了一会儿,她突然想起约定的时间,抬起手腕看表:坏了,马上就到约定时间了。于是,凯丽顾不得把衣服彻底烘干,赶紧往总经理室跑。

赶到总经理室门前,凯丽一看表,8 点 15 分,还没迟到。更让她感到庆幸的是,白色制服上的湿润处已经不再那么明显了,要是不仔细分辨,根本看不出曾经洗过。何况堂堂大公司总经理,怎么会死盯着一个女孩的衣服看呢?除非他是一个色鬼。

凯丽正准备敲门进屋,门却开了,苏珊大步走出来。凯丽看见,苏珊的白色制服上,那块污迹仍然醒目地躺在那里。凯丽的心里踏实了,她自信地走进办公室,得体地道声:"总经理好。"总经理坐在大办公桌后面,微笑地看着凯丽白色制服上被湿润的那个部位,好像在"分辨"着什么。凯丽有点不自在。

这时,总经理说话了:"凯丽小姐,如果我没有看错的话,你的白色制服上有块地方被水浸湿了。"凯丽点了点头。"是清洗那块污渍所致吗?"总经理问。凯丽疑惑地看着总经理,点了点头。总经理看出凯丽的疑惑,浅笑一声道:"污点是我抹上去的,也是我出的考题。在这轮考试中,苏珊是胜者,也就是说,公司最终决定录用苏珊。"

凯丽感到愕然:"总经理先生,这不公平。据我所知,您是一位见不得污点的先生。但我看见,苏珊的白色制服上,那块污点仍然清晰可见。"

"问题的关键是,苏珊小姐没有让我发现她制服上的污点。从她走进我的办公室,那只黑色公文包就一直优雅地横在她的前襟上,她没有让我看见那块污迹。"总经理说。

凯丽说:"总经理先生,我还是不明白,您为什么选择了苏珊而淘汰了我呢?我准时到达您的办公室,也清除了制服上的污点,而苏珊只不过耍了个小聪明,用皮包遮住了污点。应该说,我和苏珊打了个平手。"

"不。"总经理果断地说,"胜者确实是苏珊,因为她在处理事情时,思路清晰,善于分清主次,善于利用手中现有的条件,她把问题解决得从容而漂亮。而你,虽然也解决了问题,但你却是在手忙脚乱中完成的,你没有充分利用你现有的条件。其实,那只公文包就是我们解决问题的杠杆,而你却将它弃之一旁。如果我没猜错的话,你的'杠杆'忘在洗手间里了吧?"

凯丽终于信服地点了点头。总经理又微笑着说："如果我没猜错的话，苏珊小姐现在会在洗手间里，正清洗她前襟处的污渍呢。"

3个女孩面试的故事，说明了一个道理：在任何单位、任何机构，能够主动找方法解决问题的人，最容易受到上级的青睐。

魔力悄悄话

方法能为人解除不便，能够让他人有更大的发展，更能给单位创造最直接的效益。哪个单位的领导，能不格外重视想方法帮单位解决问题的人呢？

先正视问题才能很好地解决问题

鲁迅说:"人生的旅途,前途很远,也很暗。然而不要怕,不怕的人面前才有路。"所以无论有多么棘手的问题挡在你前进的道路上,你都不应感到畏惧,而应该用积极的心态去迎接它,然后运用智慧寻找解决之道。

虽然"飞人"刘翔在上海田径黄金大奖赛上惊艳复出,但他的师傅孙海平却出言谨慎,说刘翔重回巅峰尚需半年。从巅峰到谷底再到"王者归来",刘翔伴随着"鸟巢"退赛后的唏嘘声开始便屡遭"诟病"。因当"政协委员"却缺席会议受到质疑,因代言一款轿车出车祸险成被告,"退赛阴谋论"一直困扰着他……在饱受"冷遇"的同时,曾经身兼十几家企业代言人的刘翔,几乎被所有的企业打入"冷宫"。

刘翔要面对社会的种种期望、质疑,又无法回避商业操作背后的利益纠葛……我们不难想象,这 13 个月的"蛰伏期",一度被神化了的刘翔承受着怎样的心理压力?

但是刘翔没有畏惧问题,顶住来自社会各界的重重压力,顶住那些怨声载道还有不绝于耳的骂声。历史给了刘翔重整旗鼓的机会。13.15 秒,和特拉梅尔同时撞线,最后通过电脑分析,精确到千分之一秒后才分辨出最后名次,刘翔屈居特拉梅尔之后,获得亚军。这是让人激动和惊喜的成绩,也是所有人包括刘翔和教练孙海平没有想到的。

在鸟巢面对那么多双眼睛,在电视机前还有 13 亿电视观众,刘翔因为跟腱骨刺忍痛选择转身,走出的通道那样漫长,他经受人生的最低谷,撕心裂肺的痛只能自己一个人背负。但是他没有畏惧,也没有退缩,他把自己归零,13 个月,他经历去美国手术、养伤、恢复训练,才有了 13 个月后的完美复出。

所以面对问题,我们不应当畏缩,不应当逃避,而应该坦然地去面对,将问题的相关方面研究清楚,将问题的根源找出来,开动自己的脑筋,寻找更多的解决之道。看待问题时,我们不能将其放大,相反,除了要正视问题,更要"藐视"问题。问题的出现经常出乎人的意料，但只有不被它吓倒，才有解决问题的可能。那些一开始就被问题所吓倒的人，永远不会找到出路。

在工作中，你是否遇到过这种情况：某一问题就像山一样摆在你面前，要克服它，似乎完全不可能。于是，一种说不出的恐惧不招自来，你很快就向山一样高大的问题屈服了。我们不应该将问题

无端放大，以至于很快心生恐惧、逃避，最终将自己打败。实际上，问题绝大多数时候并不像我们想象的那样严重，只要我们撕破畏惧的面纱，就能很好地解决它。

魔力悄悄话

面对问题，我们不应当畏缩，不应当逃避，而应该坦然地去面对，将问题的相关方面研究清楚，将问题的根源找出来，开动自己的脑筋，寻找更多的解决之道。

善于思考，找对方法，然后执行

很多人解决问题，都只是把问题从系统的一个部分推移到另一部分，或者只是完成一个大问题里面的一小部分。比如，工厂的某台机器坏了，负责维修的师傅只是做一下最简单的检查，只要机器能正常运转了，他们就停止对机器做一次彻底清查，只有当机器完全不能运转了，才会引起人们的警觉，这种只满足于小修小补的态度如果不转变，将会给公司和个人带来巨大的损失。正确的做法是深入问题的根部，找出合理的方案，将问题一次性地彻底解决。

马博是某食品公司的业务主管。有一次，他从一个用户那里考察回来后，敲响了经理办公室的门。

"情况怎样?"经理抬头就朝马博问道。

马博坐定后，并不急于回答经理的问话，而是显得有些心事重重的样子。因为他十分了解经理的脾气，如果直接将不利的情况汇报给他，经理肯定会不高兴，搞不好还会认为自己没尽力去办。

经理见马博的样子，已经猜出了肯定是对公司不利的情况，于是改用了另一种方式问道:"情况糟到什么程度，有没有挽救的可能?"

"有!"这回马博回答得倒是十分干脆。

"那谈谈你的看法吧!"

马博这才把他考察到的情况汇报给经理:"我这次下去了解到，这个客户之所以不用我们厂的产品，主要是因为他们已经答应从另一个乡镇食品公司进货。"

"竟有这样的事! 那你怎么看呢?"

"我想是这样的，我们公司的产品应该比乡镇企业的产品有优势，我们的产品不但质量好而且价格还很公道，在该省已经具有了一定的知名度。"

"就是，一个小小的乡镇企业怎么能和我们相比呢?"经理打断了马博的汇报。

"所以说，我们肯定能变不利为有利。最重要的是，当地的客户多年来使用我们公司的产品，与我们有很好的合作基础，这是我们的优势所在。但该客户答应与那个乡镇企业订货，主要是因为那个乡镇企业距离他们较近，而且可以送货上门。这一点，我们不如那家乡镇企业，我们可以直接到每个乡镇去走访，在每个乡镇找一个代理商，这样问题就解决了。"

"小马，你想得真周到，不但找到了症结所在，还想出了解决的办法，要是公司里的员工都像你这样有责任心就好了。"

"经理过奖了，为公司分忧是我的责任。经理您工作忙，我就不打扰您了。"

不久，马博被调到了销售科专门从事产品营销，公司的建材销量节节上升，马博也越来越受到重视，很快成了公司的业务骨干。

在一些管理者看来，衡量一个人工作效能高低的一个重要标准就是看他能否找到病根儿将问题彻底地解决。能够把事情做得彻彻底底，将问题一次性解决，你才能够成为一名真正高效能的员工。

魔力悄悄话

在工作中遇到问题时，我们应该认真分析问题的根源所在，找准病根儿对症下药，一定不要被问题的表象所迷惑，才能又快又好地将问题解决掉。

执行过程中不要陷入其中不能自拔

　　埃尔德·克利弗说,这个世界上有两种人。一种人是看见了问题,然后界定和描述这个问题,并且抱怨这个问题,结果自己也成了这个问题的一部分。另一种人是观察问题,并立刻开始寻找解决问题的办法,结果在解决问题的过程中自己的能力得到了锻炼、品质得到了提升。

　　在一次企业管理培训课上,一位蛋糕店的女老板和大家一起分享了她的创业经验。她深有感触地说:

　　"我很幸运,有一位善于找方法解决问题的员工。那次如果没有她,我的店很可能早就关门了。"

　　原来,女老板开着一家糕点店,这个行业,竞争本来就十分激烈,加上女老板当初在选择店址上有些小小的失误,开在了一个相对偏僻的胡同里,因此,自从蛋糕房开张后,生意一直冷冷清清,不到半年,就支撑不下去了。面对收支严重失衡的状况,女老板无奈地想结束生意。这时,店里负责卖糕点的一个女员工给她提了一个建议。

　　原来,这个员工在卖蛋糕的时候曾经碰到过一个女客人,想给男朋友买一个生日蛋糕。当这个员工问她想在蛋糕上写些什么字的时候,女客人嗫嚅了半天才不好意思地说:

　　"我想写上'亲爱的,我爱你'。"

　　员工一下子明白了女客人的心思,原来她想写一些很亲热的话,又不好意思让旁人知道。有这种想法的客人肯定不止一人,现在,各个蛋糕店的祝福词都是千篇一律的"生日快乐""幸福平安"之类,为何不尝试用点特别的祝福语?

　　于是,这个员工送走女客人后,就向老板建议:

　　"我们店里糕点师用来在蛋糕上写字的专用工具,可不可以多进一些呢?只要顾客来买蛋糕,就赠送一支,这样客人就可以自己在蛋糕上写一些祝福语,即使是隐私的也不怕被人听到了。"

一开始，女老板并没有将这个创意太当回事，只是抱着试试看的心态同意了，并做了一些简单的宣传。没想到，在接下来的一个星期中，顾客比平时增了两倍，每个客人都是冲着那支可以在蛋糕上写字的笔来的。

那位女老板说："从那以后，我的生意简直可以用奇迹来形容。我本来都做好关门的心理准备了，没想到我的店员帮了我大忙，现在，她成了我的左膀右臂，好主意层出不穷，我都觉得我离不开她了。"

你愿意成为问题的一部分，还是成为解决问题的人，这个选择决定了你是一个推动公司发展的关键员工，还是一个拖公司后腿的问题员工。

魔力悄悄话

工作和生活中难免会出现种种问题。一个企业自成立那一天起，就注定要面对重重困难和问题，因此，一名员工自从进入一家公司那一刻，就要让自己成为解决问题的人，用自己的行动和智慧推动公司的发展，而不是让自己成为问题的一部分。

善于思考是形成良好执行力的前提

把精力集中在重要问题上,从重点问题上寻求突破,是解决问题的关键。

查尔斯是一个具有重点思维习惯的人。他于 1970 年加入了凯蒙航空公司从事业务工作,3 年以后,美国西南航空公司出资买下了这家公司,查尔斯先后担任了市场调研部主管和公司经理。他由于熟悉业务,并且善于解决经营中的主要问题,使得这家公司发展成北美一流的旅游航空公司。

查尔斯的经营才能得到了公司高层领导的高度重视,他们决定对查尔斯进一步委以重任。

航联下属的一家国内民航公司购置了一批喷气式客机,由于经营不善,连年亏损,到最后就连购机款也偿还不起。1978 年,查尔斯调任该公司的总经理。担任新职的查尔斯充分发挥了擅长重点思维的才干,他上任不久,就抓住了公司经营中的问题症结:国内民航公司所订的收费标准不合理,早晚高峰时间的票价和中午空闲时间的票价一样。查尔斯将正午班机的票价削减一半以上,以吸引去瑞典湖区、山区的滑雪者和登山野营者。此举一出,很快就吸引了大批旅客,载客量猛增。查尔斯任主管后的第一年,国内民航公司即扭亏为盈,并获得了丰厚利润。

查尔斯认为,如果停止使用那些大而无用的飞机,公司的客运量还会有进一步的增长。一般旅客都希望乘坐直达班机,但庞大的"空中巴士"无法满足他们的这一愿望,尽管 DC - 9 客机座位较少,但如果让它们从斯堪的纳维亚的城市直飞伦敦或巴黎,就能赚钱。但是原来的安排是 DC - 9 客机一般到了哥本哈根客运中心就停飞,旅客只好去转乘巨型"空中客车"。查尔斯把这些"空中客车"撤出航线,仅供包租之用,辟设了奥斯陆—巴黎之类的直达航线。

与此同时,查尔斯的另一举措也充分显示了他的重点思维能力,这就是"翻新旧机"。

当时市场上的那些新型飞机引不起查尔斯的兴趣，他说，就乘客的舒适程度而言，从 DC－3 客机问世之日起，客机在这方面并无多大的改进，他敦促客机制造厂改革机舱的布局，腾出地盘来加宽过道，使旅客可以随身携带更多的小件行李。查尔斯不会想不到他手下的飞机已使用达 14 年之久，但是他声称，秘诀在于让旅客觉得客机是新的。西南航空公司出 1500 万美元（约为购买一架新 DC－9 客机所需要费用的 65%）来给客机整容，更换内部设施，让班机服务人员换上时尚新装。公司的 DC－9 客机一直使用到 1990 年。靠着那些焕然一新的 DC－9 客机，航空公司招徕越来越多的旅客，当然，滚滚财源也随之而来。

正因为查尔斯懂得解决问题的关键要从重点问题入手，有了这样的主要目标，他做起事来的效率就会很高。所以我们在解决问题时，要善于抓主要矛盾，解决问题就变得容易多了。

另外，具有重点思维习惯的人是不会去回避问题的。因为最大的问题，可能恰恰是"没有问题"。正如一位知名企业家所言，"最危险的瞬间往往发生在成功的瞬间。"对于每一个人来说，问什么样的问题，就意味着他可能得到什么样的结果。

魔力悄悄话

一个人只有养成了重点思维的习惯，才能在实际中避免眉毛胡子一把抓，从而赢得经营上的成功和丰厚的利润，也才会在日后的工作中取得良好的成绩。

第三章 每个流程做足 100 分

　　世界上任何事物都是质与量的矛盾统一体,而一切事物又总是处于不断的运动、变化和发展的状态中。因此,事物的发展、变化必然呈现出量变和质变两种状态。量变转化为质变,质变又引起新的量变,如此循环往复以至无穷,把事物推向前进,这就是事物发展的一般过程。事物根本性质的改变是由量变逐步积累起来的,成功也不例外,只有将每个流程都做到完美,才能保证成功的牢不可破。

在执行之前,先要明确执行的目标

火箭飞向月球需要一定的速度和质量。科学家们经过精密的计算得出结论:火箭的自重至少要达到 100 万吨。而如此笨重的庞然大物无论如何也是无法飞上天空的。因此,在很长一段时间里,科学界都一致认定:火箭根本不可能飞回上月球。直到有人提出"分级火箭"的思想,问题才豁然开朗起来。将火箭分成若干级,当第一级将其他级送出大气层时便自行脱落以减轻质量,这样火箭的其他部分就能轻松地接近月球了。

分级火箭的设计思想启示我们:有了正确的目标之后,要到达目的地,还需要根据所处形势与自身实际,把这一目标分解开来,化整为零,变成一个个容易实现的小目标,然后将其各个击破,逼近最终目标。在落实工作任务,尤其是落实复杂艰巨工作任务的过程中,掌握这种方法有益于工作任务的有效落实。

理想的目标内容应能够具体叙述"目标成果",而且能够用具体方式、具体数字将规定期限内应完成的成果加以表达;还要将目标数量化,陈述实施的具体内容,使目标在实施过程中有明确的标准。

量化目标对于执行到位是非常重要的,把具体目标定量化,将一个大的目标分解成数个小目标,明确到每个人身上。这样,操作就容易到位。

我们不妨借鉴一下海尔集团推行的做法,"妙用'资源存折'"。

在海尔集团事业部信息塑胶分厂喷涂车间,喷漆工刘忠计的工位上挂着一张每天都要更新数据的"资源存折",上面的数据显示:

2002 年 12 月 29 日,他给 63.5 厘米电视机前壳喷漆时,油漆的"额定用量"是 11.87 千克,而他的"实际用量"却是 11.96 千克,折合成金额,亏损 6.75 元,按 10% 兑现,当天他欠企业 0.675 元。

2003 年 1 月 5 日,油漆的"额定用量"是 18.78 千克,而他的"实际用量"是 13.91 千克,到当年已经累计挣到了 45.55 元。

原来,这个"资源存折"和"银行存折"是一个道理,也有"贷方"和"借方"。贷方是企业，上面记录着企业按操作标准应该为员工提供多少资源；借方是员工，上面记录着员工在实际工作中使用了企业多少资源。借贷相抵得出的数，便是这个员工收入的盈亏数。

这个量化目标的方法非常简单明了！这样，员工就能够根据具体的数字来确定工作中要达到的目标，确保资源的有效利用，杜绝浪费。

这是写在《海尔的故事与哲理》一书中的一个著名案例。它说明：海尔的节约是从一分一厘开始的。其做法是将目标分解，落实到每一个岗位、每一个人。

对目标的分解就是把共同目标分解为企业目标、部门目标和员工目标，体现了目标的层级关系，使目标有系统、有层次，让执行更具有"可操作性"。作为企业的员工，工作职责与工作标准的达成情况，对企业的总体目标做出哪些贡献，通过细分把这些目标具体化，具有可操作性，使个人与部门的执行方向和执行情况一目了然。

魔力悄悄话

对目标进行细分使其更具有可执行性，同时把共同目标和实际执行有效地衔接起来。

尽量使你的执行过程步骤化

有人说:一家企业应该有两本书:一是红皮书,称为战略;二是蓝皮书,即战术,就是标准作业程序。战略是作战指导纲领,可以大而全,可是战术却一定要细化量化。战术如果发挥不出来,战略就不可能达到目的。通常战略是指导纲领,是一个框架,它的执行靠战术;而战术的每一个流程、支撑、动作、支持,都是一个细节,都需要去系统化和程序化。

不管我们把一件事情做得怎么样,是成功还是失败,都能从中学到东西,一个懂得学习的人会进行认真总结,一个杰出的企业会把做完的事系统化。

有一位老板发现,公司里有很多的新进员工成长得特别快,往往经历一两个实际的项目后,他们的技术熟练水平和效率就赶上甚至超过了很多有多年工作经验的老员工。

于是,他就留心观察和分析,把那些成长快的员工身上的特质与那些老员工比较。他发现,那些老员工,虽然工作多年,但是他们工作效率还是很低,随意性比较强,因此,工作的过程中随机问题表现明显,各个环节之间衔接空隙大,造成有的时候忙得四脚朝天,有的时候闲得百无聊赖。

而那些成长快的新员工将每次遇到的工作加以分析总结,将工作处理的过程进行记录,然后将工作系统化、程序化。在建立个人的工作系统之前,他们坚持三个原则:规范、认真和研究。

对于每一件小事都以认真的态度、规范的方法去研究它、做好它,把它形成系统,才有可能做出大事业来。

执行程序化告诉我们先做什么,后做什么,"有章可循,有条不紊"。这样看上去有些死板,但对于执行却是很有效的。

企业都将程序化作为强化操作的一个重要手段。我们来看看麦当劳是如何要求厨师将洗手这项工作程序化,以确保食品的安全和卫生的。

在麦当劳,首先对洗手的时间作出了明确的规定:

（1）使用或清洁卫生间之后；

（2）进入厨房和接触食品前；

（3）休息后；

（4）在清空垃圾箱或接触垃圾之后；

（5）进行餐厅清洁工作后；

（6）在做了不卫生的动作之后，例如：摸鼻子或头发；

（7）在接触染有病菌的表面或物体后，例如：门把手；

（8）和他人握手之后；

（9）在接触生的冷冻牛肉饼或生鸡蛋之后，在接触面包或汉堡以前。接着，麦当劳对洗手的步骤、顺序也作出了明确的规定：

①用清水打湿双手；

②在手部涂麦当劳特制杀菌洗手液；

③双手揉搓至少 20 秒钟，清洗手指之间、指甲四周、手臂直至手肘部位。

④用清水将上述部位彻底冲洗干净；

⑤用烘手机烘干双手；

所有麦当劳餐厅都安装了定时洗手系统，以达到洗手标准。这一系统能促进所有员工按时洗手，每小时至少一次。这样可降低由双手带来的潜在的食品污染，就能保证食品的卫生，并且确保执行到位。

头脑不清楚，办事无方法的人没有立足的余地。学会系统化、程序化地工作，才能让你忙而不乱，做事规范、有条理，才能力保每个环节不出问题，环环相扣、有条不紊，有层次、高质量地完成工作。

魔力悄悄话

今天的世界是思想家、计划家的世界。只有有系统的思想家，能订立计划并有力量执行的计划家，才能成功。

越有操作性，执行越到位

在很多公司的管理中，领导会强调，用简单的管理规章，一看就比较明了的内容，篇幅不要太长的形式来进行有效管理。从理论上说，这种管理规章是所有企业一直在追求的管理规章制度。为什么呢？一看就明白，就是提高效率，篇幅少就是可以减少学习时间。在量和质都达到了这个要求，似乎是方案的最佳状态了。但是这种管理思想一般缺乏可操作性。理论上比较美妙的东西，执行起来往往难度很大。

执行到位，这只是一个大的纲领。具体怎么执行才能到位？不要总说应该怎么办，而要表明到底怎么办。这个"怎么办"指的就是操作性。执行方案的可操作性问题，阻碍了我们执行力的提高。

这只要看看他们的员工手册就知道了。

海尔的员工手册中将包括如何与人握手、如何递名片、如何掌握工作基本操作手段等都详细列了出来。这样一来，就将操作性落实得极为具体。

"手册"中让人印象最深刻的是"个人必须每天反省的4个内容"：

1. 为用户增值在哪里？

2. 为企业增值在哪里？

3. 个人增值在哪里？

4. 应该警示和避免的问题：

(1)工作中的自以为是。

①我们现在已经比别人好了，出点问题是不可避免的；

②部下已做好，现在没问题了；

③这件事我已经通报处罚了，问题已经解决了；

④这个是某某提供的，他是我部门专门负责此事的人，数据肯定不会错。

(2)工作中敷衍了事。

①我已经给部下安排好了；

②我现在非常忙,没时间去管这件事;

③这个问题是某某负责,我不清楚;

④这个问题部下已经向我汇报了;

⑤现在制度规定这样,我只能这样做;

⑥安排了,不等于听明白了、不等于记住了、不等于懂了、不等于认同了、不等于做了、不等于做对了、不等于习惯了、不等于落实到体系上了、不等于做好了、不等于成为SBU(战略业务单元,海尔要求每个人都要好好把握自己、经营自己,成为创新的、自主经营的SBU)。

海尔员工手册中指导员工用问题检验自己工作是否做到位,其细致和可操作的程度,让执行效果立竿见影。

其中"不等于……"这一连串的否定,就是告诉员工,所做的工作,只有达到了预期的目标,才算是执行到位,而不是交代下去了,事情就做完了,执行就到位了。

类似这样的方式比只知道吩咐"你应该如何如何",而不告诉具体应该怎么做的"教条主义"要简单明了得多,可操作性也要强得多。

执行应该强调操作性,告诉下属实际操作方法比一味进行理论上的指导更重要,这样他们才会真正懂得该"怎么做"。

少一点"应该",不要跟员工说"你应该……"时间长了,不仅起不到好的作用,反而会让员工产生逆反心理:"凭什么非得这么做,我换一种方式怎么就不行呢? 我偏要用别的方式。"

多一点"怎么办"。一些更具有操作性的方法,可以让下属直接找到执行的方向,工作变得更有效率,避免产生矛盾,执行起来才会更到位。

简单的操作步骤,执行起来更能让人得心应手。操作性越强,执行也越容易到位。对此我们应该做到:

(1)尽可能用简单明了的语言,单句文字尽量控制在8个字以内。

(2)在面对原则性的条款时,要有解释,对原则性的范围进行相应的阐释。对有歧义的文字坚决不用,若非用不可,则将自己要表达的意义阐释清楚;对于一些专业术语用口语进行解释。

(3)方案的篇幅尽可能地长些。这个长并非为了长而长,而是对于一些细节以及可能出现的危机、出现危机的解决方法、理解偏差造成的损失、对于各条例使用的范围和期限进行必要的说明和解释。

(4)在成熟型企业的管理中,最大问题是风险控制。降低内部效率损失,降低歧义和解释不清带来的经济效益损失,避免成为日后风险的集中地。

(5)对于下发的每一个命令都需要进行相应的培训和必要的阐述。对于新进员工,宁可多花两天进行公司条款的详细培训,也不能仅仅告知原则性问题,而忽略概念阐释,否则就增加了执行出现偏差的风险。

让我们的方案变得更加具有可操作性吧,只有如此,执行才会到位。

魔力悄悄话

简洁明了的操作步骤,能够让人清楚明白,执行起来得心应手。海尔的执行之所以做得如此好,和他们强调操作性密切相关。

圆满:执行的最高境界

落实不是空谈战略,它应该是细微而现实的,只有对每一个细节进行探究和较真才能够达到完美的落实,即圆满。

一个企业产品想要打动顾客,吸引顾客,最要紧的是步步为营,抓住每个细节仔细推敲,做到无懈可击!世界上许多成功的企业之所以成功,和它们注重细节的做法是分不开的。世界 500 强企业麦当劳、肯德基、戴尔等无不是从精耕细作走向辉煌的。

以麦当劳为例。25 美分一个汉堡包,再加上 20 美分一个冰激淋,一碟炸土豆条,几片酸黄瓜。如此小本生意,竟然每年营业额高达百万亿美元,不能不说是一个奇迹。

因此,美国不少专家、学者都在研究克洛克成功的诀窍。他们连篇累牍地发表文章,出版书籍,可是到了克洛克的嘴里,却简单明了,他只有一句话:"我只是认真对待汉堡包生意。"

麦当劳的创始人克洛克强调细节的重要性:"如果你想经营出色,就必须使每一项最基本的工作都尽善尽美。"

魔力悄悄话

要想把任务落实到最好,你的心中必须有一个很高的标准,苛求细节,完美的细节才能造就完美的落实,唯有圆满,才是执行的最高境界。

第四章
执行到位很关键

任何一个工作者都应该记住，工作了不等于工作做到位了。工作不到位，不仅会前功尽弃，甚至会造成加倍的损失。因为一个员工因一件小事做不到位，影响了企业的形象，别人不会去细究这是因企业的制度不健全还是个别人做事不到位而导致的，在别人看来，员工就代表企业，员工没做到位，就是整个企业没做到位。良好的执行力是从完善的计划开始的，但是要想把工作执行好，就需要追求完美的觉醒和尽职尽责，才能做到执行到位。

合理的程序是执行力的保障

在执行的过程中,科学的程序是一个企业的执行力能否贯穿始终的关键。这里的"科学"指的就是效率化。管理学中有个名词叫作科学管理(Scientific Management),就是指管理要科学,要有效果,要有效率。

任何一个企业,成功都不是偶然的,每一个成绩都是强化执行的结果。强化执行不能只依靠口头传授,而应该言行一致,这样就要求我们必须有一套完整和科学的程序来确保执行的效果。

下面几个环节是执行的重要保障:

1. 目标本身一定可量化、清晰化,就是可度量、可考核、可检查,本身不能模棱两可,因为目标是关键技术指标。

2. 要有明确的时间表。有两层含义:一是要有开始的时间。董事会决定做了,我一定要知道什么时候开始做。二是管理者一定要知道什么时候结束。大家很多工作都是只知道什么时候开始,但不知道什么时候结束,没有结束的时间,好像这项任务永远也完不成似的。这个底线一定要遵守。

3. 优先顺序的概念。有很多事情要分轻重缓急。用80%的时间解决重要的事情,20%的时间处理琐事。

4. 指令一定要明确简明。指令是否明确也是当领导最重要的功夫之一。有歧义或自己想当然地认为下属已理解,后果是严重的。对指令要确认,下属理解的是不是这么回事。下属也要确认领导是不是这个意思,得到确认之后再去执行,会减少很多的偏差。多了这一句话,但效果却不一样,执行中很注重一些细节问题。

5. 要下属作出承诺。"第一目标清楚吗?能不能完成?授权够不够?资金有没有问题?"既要看相应的资源条件具不具备,又要看能力怎么样,包括现实能力与挖掘潜力后的能力。

6. 要跟进。定个制度不是万事大吉,然后就靠员工自我约束,自我管理。企业管理的问题不能形而上学,不能唯制度论,过程还是要关注,必要的时候要去督促、去指导,对可能发生的事情进行预判断。跟进对企业领导来说也是重要的一项工作。

7.执行要有反馈机制。这样形成工作闭环,强调正强化和负强化,链子断的地方就是反馈的环节,对员工要进行评价,而且要及时,为公司争荣誉,拿到单子,开发了重要客户,有一种反馈;做得不好,是什么原因不好,是不可抗拒的呢,是能力不够呢,是授权不充分呢,还是资源欠缺?

如果你是一个搞生产的员工,那么不要跟客户说:"不好意思我们延误了。"应该在第一次发现延误和偏差的时候就要说:"我们比预定的进度晚了3个小时,今天晚上加班都要把这3个小时补回来。"这样到了后面就不会延误了。如果不及时跟踪目标,往往会出现这样的情况:买料延误了一周,上线延误了两周,生产又延误了两周,最后的包装、仓储、送货又延误一周……不停地陷入恶性循环。只有真正理解了科学程序,并且都能做到,那么执行力的问题,你大概都可以避免了。

另外,团队如何吸引执行力强的人? 这就是要给这些执行力强的人放手,不仅给他们丰厚待遇,还要把这些人搭配好,使他们能够有权力。责权结合,能够让他们清晰地认识到个人的未来,要有更大的发展空间,不断补充新的决策权力。人才难留,执行力强的人更难留,关键是企业本身也要发展,不断有新的业务、新的市场,让英雄有用武之地。

魔力悄悄话

企业领导是怎样利用执行力这把双刃剑击败对手,又是如何摆脱执行怪圈,远离黑洞,不做执行的奴隶的? 答案就在于完善科学的决策和执行程序。

敢于承担责任，努力执行

老板总是喜欢那些敢于挺身而出，承担重大责任和艰巨任务的人。油滑谄媚、溜须拍马的人或许会获得一时的宠信，但遇到实际问题，老板决不会信赖和依靠他们。

公司的每个部门和每个岗位都有自己特定的职责，但总有一些突发事件无法明确地划分到哪个部门或个人，而这些事情往往还都是比较紧急或重要的。如果你是一名称职的员工，就应该从维护公司利益的角度出发，积极处理这些事情。

某商场要开设自己的千兆网站，建立千兆网，需要克服大量技术上的困难，而具体到网站的设置，又牵涉到大量商业问题。

老板发了愁，到哪里找既懂计算机，又懂销售的人来负责呢？问了好几个人，但他们深知责任重大，自己又有许多不懂的业务，都推辞了。

商场的这项计划一直拖延下来。王杰是计算机专业毕业的，在商场里从事计算机联网的工作，对商业销售也不懂。但他看到老板一筹莫展的样子，便自告奋勇，说："我试试吧。"

老板抱着试试看的心理同意了。王杰接手之后，一边积极学习商业销售知识，向专门人员请教，一边着手解决技术问题。

项目推进得虽然不快，可是却在稳步前进。老板对他的信任也在增加，不断放手给他更大的权力和更多的帮助。最后，王杰完成了任务，被提升为该网站的主管。

那些不把问题留给老板的员工总能够在老板最需要的关键时刻挺身而出，老板也会把一些重要的工作留给他们去做。

钢铁大王安德鲁·卡内基年轻的时候，曾经在铁路公司做电报员。一天正好他值班，突然收到了一封紧急电报，原来在附近的铁路上，有一列装满货物的火车出了轨道，要求上司通知所有要通过这条铁路的火车改变路线或者暂停运行，以免发生撞车事故。

因为是星期天，卡内基一连打了好几个电话，也找不到主管上司。眼看时间一分一秒地过去，而正有一次列车驶向出事地点。此时，卡内基做了一个大胆的决定，他冒充上司给所有要经过这里的列车司机发出命令，让他们立即改变线路。按照当时铁路公司的规定，电报员擅自冒用上级名义发报，唯一的处分就是立即开除。卡内基十分清楚这项规定，于是在发完命令后，就写了一封辞职信，放到了上司的办公桌上。

第二天，卡内基没有去上班，却接到了上司的电话。来到上可的办公室后，这位向来以严厉著称的上司，当着卡内基的面将他的辞职信撕碎，微笑着对他说："由于我要调到公司的其他部门工作，我们已经决定由你担任这里的负责人。不为其他任何原因，只是因为你在正确的时机做了一个正确的选择。"

卡内基在需要有人承担风险的时候没有瞻前顾后，而是第一时间站了出来，作出了需要承担风险的决定。而他正因为这种甘于为组织冒险的高度负责的精神，得到了上司的赏识。

有时候，公司也需要你这样做，老板更希望在他无法兼顾的时候你能维护公司的利益。往往越发艰巨的任务，你越应该主动去承担。

魔力悄悄话

承担艰巨的任务是锻炼自己能力难得的机会，长此以往，你的能力和经验会迅速得到提升。在完成这些艰巨任务的过程中，你有时会感到很痛苦，但痛苦会让你变得更成熟。

执行绝不打折扣

有一位成功的培训大师曾在培训中说过这样一件事：

前不久，因为搬新家，我订购了几套新家具，因为工作繁忙，为了节省时间，我和几个厂家约好在同一天送货。谁知道，本来一天可以做完的事情，却花了整整两个星期。

到了约定送家具的那天，先是送床的工人给我打来电话，说因为绳子没有绑紧，运送的时候床垫和床架掉到了马路上，结果床垫被人捡走了，床架他们花了 100 元才赎回来。于是，他们给我送了一张没有床垫的床，说 3 天后再将床垫送过来。

接着，送影视墙的厂家又给我打来电话，说工人在搬东西的时候，不小心将影视墙的底座弄坏了，他们只能重新再做，至少得花两个星期，两个星期后才能送货。这样一来，我预订的电视和配套的音响就只能放在地上，而且还得等影视墙送到后，再请师傅重新上门安装。于是，我只能对已经在家等待的师傅说，请他下次再来。

但烦恼并没有到此结束，送书架的工人上门后，却发现其中的一组书架和墙的尺寸对不上，无法安装，只能回去再换。不仅如此，我预订的电动晾衣架，安装后第二天就发现接触不良，既升不上去又降不下来，结果只好又打电话约定时间，请工人再次上门检查安装。

其实，这些本来都是可以一次做到位的事，却要反复做好几次，客户的时间耽误了不说，对自己来说，损失也很大。

这个故事能够给你足够的启示吗？当我们接受任务之后，是不是该全力以赴将事情做到最圆满呢？

这样的例子在我们的工作中也随处可见。许多人接受任务后，敷衍了事、漫不经心，本来可以一次完成的事情，偏偏要翻来覆去不停地折腾才把事情完成，给自己、公司和客户都带来不必要的损失。执行中普遍存在这样的问题。

执行力——绝知此事要躬行

有责任心的员工、力争优秀的员工都有一个共性：工作时不打折扣。他们会想尽办法，竭尽全力把任务完成，并且会培养"一步到位"的执行精神，强化执行品质和效果。

有一位老会计，从事财务工作几十年，没有做错过一笔账。有人问他为什么能做到这点，他的同事说："你不用看他记账，只要看一下他扫地就明白了。"

原来这位老会计，扫地都与众不同。他总是那样一丝不苟，干净利落。他扫完地后，你会发现他扫过的地方比清洁工扫过的都要干净。别人又问他是怎么做到这一点的，他说："什么事情，如果你觉得它没有价值，那你就可以不去做它。但是，如果确定要去做了，你就要做好，这是一种责任心。因为你已经选择了做这件事，这就是你的职责，你怎么还能三心二意、马马虎虎地去对付呢？"

一份英国报纸上刊登了一则教师的广告："工作很轻松，但要尽职尽责。"

在工作中我们就要聚焦责任，不能马虎了事。美国的卡特总统在得克萨斯州一所学校做演讲时曾对学生们说："比其他事情更重要的是，你们需要知道怎样专注于一件事情并将这件事情做好，这样你就永远不会失业！"

魔力悄悄话

一个人无论从事何种职业，都应该认真地把工作做好，不打折扣，尽自己的最大努力，求得不断地进步。这不仅是工作的原则，也是一个人拥有责任感的体现。

步骤不到位，就是白执行

人们经常在做了 90％ 的工作后，放弃最后能让他们成功的 10％，甚至相当一部分人做到了 99％，只差 1％，但就是这一点细微的差距，使他们在事业上难以取得突破和成功。行百里者半九十——最后的步骤不到位，前面的执行就是白执行，甚至会带来比不执行还要恶劣的后果。

安妮就曾经因为没有在工作中落实到"最后一节"而吃了苦头。

有一名职业演说家叫阿尔，他觉得自己成功最重要的一点是让顾客及时见到他本人和他的材料。所以，作为阿尔的秘书，安妮的一个十分重要的任务就是保证材料的到位。

8 年前，阿尔去多伦多参加一个由他担任主讲的会议。在芝加哥，阿尔给安妮打电话，问她演讲的材料是否已经送到多伦多，安妮回答说："别着急，我在 6 天前已经把东西送出去了。""他们收到了吗？"阿尔问。"我是让快递公司递送的，他们保证两天后到达。"安妮回答道。

从这段话中可以看出，安妮觉得材料应该是万无一失的。

事实上，她确实为快递公司提供了正确的信息（地址、日期、联系人、材料的数量和类型）。她还选择了适当的货柜，亲自包装了盒子以保护材料，并及早提交给快递公司，为意外情况留下了时间。

但是，她没有及时去电查询包裹是否到达，最后材料还是出现了问题。在阿尔开始演讲前半个小时，还不见材料的踪影。阿尔打电话向安妮怒吼："材料为什么还没有到？你知不知道会议马上要开始了！"

安妮赶紧给快递公司打电话，但已经来不及了，材料送到的时候，阿尔的演讲已经开始了半个小时。为此，会议结束后，安妮被解雇了。

在执行的过程中，最后的关键时刻没把工作做透，最后一个小环节没有到位，就会前功尽弃，不仅"煮熟的鸭子飞了"，还有可能造成不可挽回的损失。

要赢得成功，就应当自觉戒除糊弄工作的错误态度，为自己的工作结果树立标准,严格地落实到最后一个环节。因为最后的一节往往是至关重要的,它决定了你的工作是否有效果。

有一个奇妙的"30天荷花定律"能说明最后的环节有多么重要。

荷花第一天开放时只是一小部分,到了第二天,它们就会以相当于前一天的两倍的速度开放。到了第30天,荷花就开满了整个池塘。

很多人以为,到第15天,荷花开了一半。然而,事实并非如此!到第29天时荷花才开了一半,最后一天便开满全池。

最后一天的速度最快,等于前29天的总和。

差一天,就会与成功失之交臂,越到最后,事情越关键、越重要。我们说"一锤定音"就是指铜匠打下的最后一锤。

有一个专打铜锣的铺子里的工匠师傅已近70岁了,还每天坚持掌锤。每到打锣心的时候,老工匠就会使足力气打下最后的一锤。原来,锣心的一锤与周边的锤法都不一样,锣心以外的每一锤都只是准备,最后的一锤才是定音的,或清脆悠扬,或雄浑洪亮,都因这一锤而定。最后一锤,要打得不轻不重,恰到好处。这一锤打好了,就是好锣,否则,这只锣就报废了。不论多么优质的铜材,不论剪裁的尺寸多么合适,也不论一开始打了多少锤,这都不是最重要的,恰到好处的最后一锤才是一只锣制造成功的关键。

真正有效的执行就是如此,不管我们在哪个领域做什么事情,一旦明确了工作的目标,那就一定要坚持不懈地做下去,做到底,做到位。

魔力悄悄话

每个人在行动的过程中,都会遇到许多问题和困难,要成为一个优秀的人才,你就不能在过程中失去耐心,只有不断激励自己,为工作负责到底,才能保证执行的结果。

执行能力的五大误区

执行能力分为心态能力和技术能力。偏废任何一方都会造成执行力的丧失。

在当前企业中,员工执行力之所以成为企业的困扰,多是因为员工在执行任务的过程中走进了以下几个误区:

1.心态误区

(1)自以为是。总是认为上面的决策是不合理的,在执行过程中喜欢按自己的意思去改动,结果一级一级地改动下去最后导致了执行的完全失真。

(2)爱找借口和推卸责任。出了问题就怪团队、怪环境、怪条件差,动不动就是"都是某某的错""客源不足""竞争对手太强了"这些辩解的话。

(3)嘴巴尖,眼睛红。在上司面前说其他同事的坏话,在外面就说公司的坏话,无视公司形象。见同事的奖金比自己高就心里不平衡,从不检讨一下自己。

(4)自命清高。摆架子,在客户面前死要面子,决不愿意为客人做些提包倒水的小事。

这些心态误区最大的弊端就是影响团队,激化内部矛盾,极大地削弱执行效率。

2.能力误区

执行者能力误区主要表现在3个方面:

(1)不学习,不上进,能力倒退。不能吸收新思想、新理念,安于现状,反对变革,成为执行的阻力。

(2)把能力使错了方向。智商高,精力充沛,但把能力用在怎样晋升向上爬了,不但无用反而还会起坏的带头作用。

(3)纵容"能力不够的人"。一是不想得罪人,充当老好人;另外就是怕手下的人能力过强,超越自己,所以就起用能力只有自己50%的人。如此一来,执行力无疑就大打折扣了。

3. 不授权

很多人热衷于把权力紧抓在手中,什么事都亲力亲为,结果别人没事干,而他却累得要死,且执行效果还不好。不要认为整天瞎忙就是敬业,其实这是在阻碍效率的提升。

4. 搞内部对立

把"团队精神"和"团伙精神"搞混淆了,和上司、下属称兄道弟,做哥们儿,搞权力投机。

5. 虎头蛇尾

很多执行者做事就是开始热,过了 3 天就开始松懈了,再过段时间就撒手不管了,一旦这种习惯已经形成,那以后的任何决策都无法彻底执行下去。

这些不良的心态和习惯足以让企业的执行力消失。对此,无论是企业还是普通员工都应引起高度的重视,引以为戒。根据执行力中存在的这几点误区,我们认为提升执行力需要明确以下几点:

(1)优化工作流程,提高自身素质与工作能力;坚持自我学习和提升。学习就是工作,工作就是学习。

(2)要注重企业文化,·把公司的理念、愿景、使命等与自身牢牢地联系在一起。

(3)调整心态,自动激发工作激情,使自身总是处在高效工作状态。

(4)强化责任心,明确自己的任务,戒除懒散之心。

魔力悄悄话

个人拥有的技能强弱,可以决定其工作态度的积极与否;一个人的工作态度,又会影响个人能力的发挥。要做有执行力的员工,就必须从这两个方面的培养入手。能力的培养与态度的端正是不分先后,不分主次的。

第五章
拒绝抱怨，积极执行

我们生存的世界充满抱怨，但我们也讨厌抱怨，"不抱怨的世界"是什么，从来都离我们很遥远。抱怨是最消耗能量的无益举动。有时候，我们的抱怨不仅会针对人、也会针对不同的生活情境，表示我们的不满。而且如果找不到人倾听我们的抱怨，我们会在脑海里抱怨给自己听。在面对工作中的问题时，执行力强的人都会勤于思考，努力发现问题的解决方法，而不是抱怨，事实上，抱怨除了让你更加心烦意乱之外，没有任何积极作用。

在执行过程中越抱怨越退步

不管走到哪里，都能发现许多才华横溢的失业者。当你和这些失业者交流时，你会发现这些人对原有工作充满了抱怨、不满。要么就怪环境不够好，要么就怪老板有眼无珠、不识才，总之，牢骚一大堆，积怨满天飞。殊不知，这就是问题的关键所在——抱怨的恶习使他们丢失了责任感和使命感，只对寻找不利因素兴趣十足，从而使自己发展的道路越走越窄，在自己的抱怨声中不断退步。

我们可以发现，几乎在每一个公司里，都有"牢骚族"或"抱怨族"。他们每天轮流把"枪口"指向公司里的任何一个角落，埋怨这个、批评那个，而且从上到下，很少有人能幸免。他们的眼中处处都能看到毛病，因而处处都能看到或听到他们的批评、发怒或生气。

本来他们可能只是想发泄一下，但后来却一发不可收拾。他们理直气壮地数落别人如何对不起他们，自己如何受到不公平待遇等，牢骚越讲越多，使得他们也越来越相信自己是遭受别人践踏的牺牲品。不停抱怨的"牢骚族"，他们抱怨的结果只会自乱阵脚，终究受害最大的还是自己。

事实上，你很难找到一个成功人士会经常大发牢骚、抱怨不停，因为成功人士都明白这样的道理：抱怨如同诅咒，越抱怨越退步。

米小为本是国内某名牌大学的毕业生，但是工作5年来，他不仅没有得到晋升，甚至在金融危机来临之际，他面临着失业的厄运。是什么导致了他这样的境遇？

刚进公司的米小为是个非常有竞争优势的年轻人。但是，他来到这家工厂后，发现现实与自己的理想有偏差，对工作、企业都产生了抱怨的情绪。他觉得自己的学历比别人高，能力比别人强，却屈尊在小厂里，于是终日抱怨，老板、上司、同事、工作环境等，都成为他抱怨的对象。

在米小为的抱怨声中，同事们渐渐远离了他，上司也对他产生了看法。而米小为却因此而更加愤恨自己的企业，对待工作漫不经心。5年下来，米小为的工作能力并没有提升多少,和同事们的关系却很僵,上司越来越不满意他的表现。

一些人总是对自己的工作和环境抱怨不休,他们只知道享受好的工作环境,要高薪和高位,却抱着消极的态度对待自己的工作。这样的员工很难担当大任,永远不可能在自己的岗位上得到进步和发展。

仔细观察就会发现:没有人因为喋喋不休的抱怨而获得奖励和提升。其实这也不难理解,假如一个船上的水手总不停地抱怨:这艘船怎么这么破,船上的环境太差了,食物简直难以下咽,以及有一个多么愚蠢的船长。试想这样的水手能将自己的工作做到最好吗?

因此,当你觉得自己缺少机会或者是职业道路不顺畅时,不要抱怨环境,而应该问问自己是否承担了工作的责任,想想自己有没有尽到最大限度的努力。

于强在一家电器公司担任市场总监,他原本是公司的生产工人。那时,公司的规模不大,只有30多人,有许多市场等待开发,而公司又没有足够的财力和人力,每个市场只能派去一个人,于强被派往西部的一个市场。

于强在那个城市里举目无亲,吃住都成问题。没有钱坐车,他就步行去拜访客户,向客户介绍公司的电器产品。为了等待约好见面的客户,他常常顾不上吃饭。他租了一间破旧的地下室居住,晚上只要电灯一关,屋里的老鼠就"载歌载舞"。

那个城市的气候不好,春天沙尘暴频繁,夏天时常暴雨,冬天天气寒冷,这对于强来说简直就是一个巨大的考验。公司提供的条件太差,远不如于强想象的那样。有一段时间,公司连产品宣传资料都供应不上,好在于强写得一手好字,自己花钱买来复印纸,用手写宣传资料。在这样艰苦的条件下,不抱怨几乎是不可能的,但每次抱怨时,于强都会对自己说:"开拓市场是我的责任,抱怨不能帮助我解决任何问题。"他选择坚持下来。

一年后,派往各地的营销人员都回到公司,其中有很多人早已不堪忍受工作的艰辛而离职了。后来,于强凭着自己过硬的业绩当上了公司的市场总监。

即使在恶劣的环境下,于强也没有选择抱怨,对自己工作的坚持,使他有了飞速发展。一名员工,无论从事什么工作都应当选择不抱怨的态度,应该尽自己的最大努力去争取进步。把不抱怨的态度融入自己的本职工作中,你才能不断进步,才能得到社会的认可,受到老板的青睐。

你是否能够让自己在公司中不断进步，这完全取决于你自己。如果你永远对现状不满，以抱怨的态度去做事，那你在公司的地位永远都不可能变得更加重要，因为你根本就不能做出重要的成绩。

任何一个聪明的员工都应该明白这样的道理：一个人一旦被抱怨束缚，不尽心尽力，而是应付工作，这只会自毁前程。如果希望改变自己的处境，希望自己能够取得不断的进步，那么首先从不抱怨开始吧。

魔力悄悄话

抱怨的人很少积极想办法去解决问题，不认为主动独立完成工作是自己的责任，却将诉苦和抱怨视为理所当然。这样的人是成不了问题的主人的。

抱怨是良好执行力的腐蚀剂

抱怨的最大受害者是自己。在现实工作中,有太多人虽然受过很好的教育,并且才华横溢,但在公司里却长期得不到提升,主要是因为他们不愿意自我反省,总是怀疑环境,对工作抱怨不休。工作中时常表现出这样的情况:一项任务交代下来后,如果上司不追问,结果十有八九会了不了之;有些事情,如果上级不跟踪落实,就很难有令人满意的反馈;还有的人面对布置的工作常常只会睁大眼睛,满脸狐疑地反问上司:"怎样做?""这事我不知道啊!"抱怨的人很少积极想办法去解决问题,总认为工作就是给老板做的。其实,工作是自己的,工作中应该做的一切事都要去做,因为那是每一个员工的义务。

"记住,这是你的工作!"美国前教育部长威廉·贝内特说,"工作是需要我们用生命去做的事。"每一位员工都应记牢这句话。哪怕遇到困难,我们也不能找任何借口,也不要进行任何没有必要的抱怨。

在西点军校,执行没有任何借口,面对任务失败同样没有任何借口。因为这是你的任务,是你的职责,对自己的工作必须负全部责任。对此,杜尼嵩上校曾有过深刻的体会。

当他还是个中尉的时候,第一次去外地执行任务,连长交代了7件事:要见一些人,要向上级请示一些事,要申请一些东西,包括地图和醋酸盐(当时醋酸盐严重缺乏),等等。他下定决心把7件事都做好,尽管他没有多大把握。因为既然连长把任务交代下来,这任务也就是他自己的事了,也意味着荣誉,是责任。万一有什么差错,一切都必须由自己来承担。结果事情并不顺利,问题就出在醋酸盐上。当他向负责补给的中士说明连部是多么需要醋酸盐时,中士只是冷冷地看了他一眼,什么都没有说,好像中尉根本就不存在一样。当他又说没有醋酸盐将会给连部造成多大损失时,中士也说出一大堆理由说明醋酸盐是如何地缺乏,随便拨出是如何的不守军规,即使是少量的一点点。当时中尉失望极了,他甚至想放弃了,想干脆回去告诉连长说这个中士是如何的不可理喻。

但是，中尉知道，醋酸盐不仅仅是连部的事，也是自己的事，如果他放弃，那就意味着自己放弃了自己。于是他硬着头皮继续和中士周旋。后来，他干脆摆出一副不可侵犯的架势，以示军人的尊严。到最后，中士终于拨了一些醋酸盐给他。当中尉回去向连长复命的时候，连长并没有多说什么，但是他的眼神里充满了肯定和赞许，因为他并没有想到杜尼嵩能把7件事一一完成。杜尼嵩之所以能够圆满完成任务，是因为他一直把任务当作自己的事来做。无论何时，只要你还在工作，就必须时刻铭记"这是你的工作"这句话，如此，你才会视工作为自己的事业，并以经营自己事业的心态和严格的标准来要求自己，认真负责地面对当前的工作，也只有这样你才能走上成功之路。

以事业的态度来对待你工作中的每一件事，并把它当成使命，你就能发掘出自己特有的能力，即使是再烦闷、再枯燥、再艰巨的工作，你也能从中感受到价值和责任，在完成使命的同时，你的工作也会真正变成一项事业。

无论在工作中执行什么样的任务，也不管这项任务是上司委派还是你主动请缨，你都必须时刻铭记着"这是你自己的事"。"这是你自己的事"是"没有任何借口"的延伸，是由被动接受到主动执行的一个态度上的转折。"没有任何借口"还存在自我强制的因素；而"这是你自己的事"说明，你是主导，你肩负着责任，你左右着整个任务的进程。是的，既然你从事了这一职业，选择了这一岗位，就必须接受它的全部，就算是屈辱和责骂，那也是这项工作的一部分，而不是仅仅享受它给你带来的益处和快乐。

面对你的职业，你的工作岗位，请时刻记住，这就是你的工作。可不要忘记工作赋予你的荣誉，不要忘记你的责任，也不要忘记你的使命。

不找借口，一起努力工作吧！把工作当作生命的信仰，在工作中实现人生的辉煌，因为工作是属于我们自己的。

魔力悄悄话

把工作当作生命的信仰，我们的生活才会过得更充实，我们的人格才会变得更完美，我们的人生才会变得更多彩，我们的生命才会变得更有意义！

莫让不良情绪影响你的执行力

在我们身边总有这样的员工，他们总是被工作或生活中的一些事情影响情绪，并将这种情绪带到接下来的工作中，以至于让其他人的情绪也大受影响。要知道情绪也是会传染的，当人们不开心的时候，身边的人很容易就成了宣泄的对象，有时候我们往往会找比我们弱的人进行发泄，以此平衡自己的情绪。同样的，被发泄者也会继续将这些负面情绪传递给别人，以此类推……

我们须记住："生气，是一种毒药！"这种毒药无论在生活还是工作中都应该被禁止。我们不能让自己的情绪只停留在问题的表面，我们必须学习"转念""少点抱怨、多点包容""多洒香水、少吐苦水"，让负面的思绪远离，而用乐观的正面思绪来迎接人生，用积极乐观的态度来对待工作。

除了愤怒以外，其他忧郁、迟疑等不良情绪也会影响到我们的工作，这些不良情绪一旦主导了我们的工作，往往会令人失去理智。把一点小事看得像天一样大的人，过于认真让他们夸大了自身的感觉，从而对工作产生了畏惧、厌倦等诸多负面心理。其实，只要稍稍平静下来，就会发现事情并没有你想象得那么悲观。

避免让这些不良情绪抑制自己的最好的办法就是时刻保持冷静和宽容。用冷静面对周围发生的事，用宽容容忍自己身边的事，这样，你会发现，再灰暗的世界也会变得多姿多彩起来。

人生在世，难免遇到挫折和坎坷，职场之路，更是荆荆密布，与其在不良情绪的主导下低效率地工作，不如调节自己，在快乐的心情下愉快地工作。要想保持快乐的心情，其实并不难，只要你学会保持快乐的7种方法，快乐将非你莫属。

1. 想一想：换个角度来讲，挫折和失败是对人意志、决心和勇气的锻炼。人是经过了千锤百炼才成熟起来的，重要的是吸取教训，不犯或少犯重复性的错误。

2.走一走：到野外郊游，到深山大川走走，散散心，极目绿野，回归自然，荡涤一下胸中的烦恼，清理一下浑浊的思绪，净化一下心灵尘埃，唤回失去的理智和信心。

3.比一比：与同事、同乡、同学、好友相比，虽说比上不足，但比下有余。及时调整心态，以保持心理平衡。不因小败而失去信心，不因小挫而伤锐气。

4.放一放：如果不是急事大事，索性放下不去管它，过几天再说，或许会有个更清晰的认识、更合理周密的打算。

5.乐一乐：想想开心的事、可笑的事；或拿本有趣的书，读几段令人开怀大笑或幽默风趣的章节。

6.唱一唱：唱首优美动听的抒情歌，一曲欢快轻松的舞曲或许会唤起你对美好过去的回忆，引发你对灿烂未来的憧憬。

7.让一让：人生如狭路行车，该让步时姿态高些，眼光远点，不在一时一事上论短长。让人一步，海阔天空。

身在职场，无论你是穿梭于高楼大厦的白领，还是刚刚开始创业的青年俊杰，无一不面对办公室简单而又复杂的竞争，或者事业沉浮中的颠沛流离。我们每个人都在被情绪的问题困扰，所以我们要学会对自己的情绪进行自我调节，只有这样我们才能开心地工作，拥有快乐和成功的人生。

魔力悄悄话

其实，只要肯换个想法，调整一下态度，或者移转一下视角，就能让自己有新的心境。只要我们肯稍做改变，就能抛开坏心情，迎接新的处境。

正视比抱怨更重要

经常有员工抱怨自己的工作不赚钱、公司不好、老板太苛刻……似乎在他们眼中，自己不成功、生活不顺心等所有的责任都应该由这些不尽如人意的环境来负责。很多时候，改变环境不如改变自己，改变了自己，就能改变世界，就能扭转劣势，就能找到成功的方法。

环境确实会影响我们的成功，这点我们必须承认，工作条件好，不用下什么工夫，公司就能多赚钱，福利也很好，我们的生活和工作肯定会更舒适，成功相对来说也会很容易。然而，似乎很少有具备这些条件的工作，而且即使有这样的工作，凭这种工作态度，你觉得自己能赢得这份工作吗？

任何一份工作都有它的优势和劣势，任何事情都有它的优点和缺陷，世间没有完美的东西。有许多员工能够将工作做得很好，甚至达到完美，不是因为工作改变了，而是他们自己改变了，学会了在环境的限制中将工作做到更好。做到这一点，你才是优秀的，不然你只能在抱怨中蹉跎一生。

作为一个员工，我们必须明白，工作中的许多事情都不是我们能够改变和左右的。在这种情况下，抱怨环境是没有任何作用的，你唯一能做的是充分发挥自己的优势，在有限的活动空间中将工作做好。

黄莉在摩托罗拉不到一年，就开始不断抱怨公司不好、上司不好、工资不高等。有一次，她又向朋友诉苦："我那个上司，简直就是一个周扒皮，整天阴沉着脸，看谁都不顺眼。今天上午，就因为我报告中一个格式问题，冲我发了好大的脾气，没见过这么没有风度的男人！你说我什么时候才能摆脱这个变态的上司呢？"

朋友说："我有办法让你现在就能摆脱他，你别在这个公司干不就行了吗？"

黄莉一愣，随即说道："那可不行，虽然现在不如意，但相比其他公司还是不错的，况且现在辞职也不好找工作啊！"

朋友说："那你就把你的上司换掉吧。"

"那怎么可能，我又不是公司老板！"

"那你能改变你上司的脾气吗？"

"改不了。"

"那你跟我抱怨有什么用呢？既然改不了，你只能思考另外一个问题：在这种环境下，我怎样可以把事情做好。"

既然改变不了环境，那就改变自己吧。这才是明智的员工应有的工作态度。改变了自己，你会发现，世界也会变得随心所欲起来。

任何一个纷乱的时代都有成功者，正如任何一个黄金时代都有失败者。所以成败的关键不在于环境的好坏，不在于能否改变环境，而在于我们能否认清环境的优劣，能否将劣势抑制成最小阻碍，将优势发挥出最大价值。

工作中，你是否常常抱怨自己从事的职业太平凡，前途太渺茫？要改变结果，首先要改变自己，要让结果更好的话，自己必须变得更好。只有人进步了，事情才有进步。我们成功和进步的关键就在于首先改变自己。

如果让不断改进成为一种习惯，你将会受益无穷。一名不断改进的职员，他的魄力、能力、工作态度、负责精神都将会为他带来巨大的收益。

改变自己的行为模式，改变自己的思维模式，改变自己的心态，改变自己的观念，改变自己和客户说话的方式，改变自己交往的人群，改变自己看事情的角度。只有改变，才能取得更好的结果，才能获得成功。

人生中不如意事十之八九，这时很多人都会抱怨命运不公。其实命运就掌握在你自己手中，你的命运只有你自己才能改变。要想改变你的命运，必须先改变你自己。每个人的命运都掌握在自己手中，你只要充分发挥自己的主观能动性，主动改变自己，那么你的命运也会随之改变。

魔力悄悄话

即使我们不接受命运的安排，也不能改变事实分毫，我们唯一能改变的，只有自己。改变了自己，相当于为自己提供了更多的生存机遇，为职场发展扫除了诸多障碍，为事业的成功增添了砝码。

有怨气不如有志气，化抱怨为执行

宽容地讲，抱怨实属人之常情。然而，抱怨之所以不可取就在于：抱怨等于往自己的鞋里倒水，只会使以后的路更难走。常言道：放下就是快乐。与其抱怨，不如将怨气转化为志气，化抱怨为抱负，用超然豁达的心态去面对一切，这样迎来的将是另一番新景象。

抱怨对事情没有一点帮助，与其不停地抱怨，不如把力气用在行动上。在职场上，也有许多人虽有远大的理想却由于种种原因无法实现，满腹的怨言无处倾诉，如果能把怨气化为志气，努力奋斗，就能成就自己的事业。

肯德基的创始人哈兰·山德士，6 岁丧父后，母亲出外工作，小小年纪的哈兰就要照顾 3 岁的弟弟及尚在襁褓中的妹妹。他 10 岁到农场打工，赚取每月 2 美元的酬劳养家。他什么工作都做过：卖车票、轮胎、保险，驾驶过蒸汽船。

哈兰经过 10 年的钻研，调配出一种以 11 种香草和香料混合的腌料。后来，哈兰迁往加油站附近的餐厅开展他的饮食生意。为了配合旅客短促的逗留时间，他率先采用能加快鸡块烹煮时间的压力锅，以最短的时间生产最大量的炸鸡。1935 年，肯塔基州州长授衔他为上校，以表彰他对肯塔基州饮食界所做出的贡献。

"二战"爆发令餐厅关门大吉。大战结束后，餐厅虽然重开，但一条横跨科尔宾的州际公路粉碎了哈兰东山再起的美梦。旅客都使用州际公路了，根本不会经过他的餐厅，他的生意一落千丈，他不得不拍卖所有财产还债。

当时已 62 岁的哈兰带着仅余的资产：一张炸鸡秘方、一个压力锅，驾着老爷车穿州过省从头干起。他逐家餐厅兜售自己的配方："尝尝我的炸鸡吧，要是你喜欢，我可以把调味料卖给你，条件只是你每卖出一块鸡，分我 4 美分。"放下自尊，顶着失败的创痛和年迈的身体，每天重复地说着同一番话，可不是每个人都挨得住的。终于，第一间被授权经营的肯德基餐厅在盐湖城开业了。至 1964 年，经哈兰游说成功的特许经营店已达 600 间，并遍及美、加，那年他已经74岁了。

肯德基上校面对着事业的起落，并没有怨天尤人，而是努力重新开始，最终让肯德基餐厅名扬全球。

怨气并不能给你的工作以任何实质性的帮助或指导，在工作当中，怨气只能阻碍事业发展，将怨气转化为志气，才能成为助推事业发展的动力。在面对坎坷的时候，要将自己的抱怨化为抱负，以重新来过的志气和勇气去面对，一定能获得成功。

许多年前，史坦雷先生还是一个年轻小伙子的时候，在一家著名的五金公司当小店员，每个月领着极微薄的薪水，他希望能通过自己脚踏实地的工作，使自己步步高升。所以他做起事来，永远抱着学习的态度，处处小心留意，想把工作做得十分完美。他希望能够获得经理的赏识，提升他为推销员，谁知经理对他的印象恰好相反。

有一天，他被唤进经理室遭到了一顿训斥，经理告诉他说："老实说，你这种人根本不配做生意。但你的臂力健硕无比，我劝你还是到钢铁厂去当一名工人吧，那种活不需要大脑！我这里用不着你了。"

一个年轻气盛的人，踏入社会不久，便遭受这样严重的打击，换了别人，肯定受不了，他们会气得暴跳如雷，从此做起任何事情来，都会抱着消极的态度。然而，史坦雷虽然被辞退了，但仍有自己的理想。他要在被击倒后重新爬起来，争取更大的成绩。

"是的，经理。"他说，"你当然有权将我辞退，但你无法消磨我的斗志。你说我无用，当然，这是你的自由，但这并不减损我的能力。看着吧！迟早我要开一家公司，规模比你的大10倍。"

从此他借着这次受辱的激励，努力上进，几年后，果然有了惊人的成就。

唯有用实力才能证明自己的价值，抱怨别人、抱怨环境又有什么作用呢？人人都有怨气，但并不是人人都能将怨气转化为志气。生活从来不简单，不去抱怨生活，就要将抱怨化为抱负。在实现抱负的过程中，还需要运用智慧去拼搏。

有一个10岁的小男孩，在一次车祸中失去了左臂，但是他很想学柔道。

最终，小男孩拜一位日本柔道大师为师，开始学习柔道。他学得不错，可是练了三个月，师傅只教了他一招，小男孩有点不明白大师为什么要这样做。

终于，他忍不住问师傅："我是不是应该再学学其他招数？"

师傅回答说："不错,你的确只会一招,但你只需要会这一招就够了。"

小男孩仍旧不是很明白,但他很相信师傅,于是继续照着师傅的教导练下去。

几个月后,师傅第一次带小男孩去参加比赛。小男孩没有想到自己居然能进入决赛。

决赛的对手比小男孩要高大、强壮许多,也似乎更有经验。小男孩一度显得有点招架不住,裁判担心小男孩会受伤,就叫了暂停,还打算就此终止比赛,然而师傅不答应,坚持说:"继续下去!"比赛重新开始后,对手放松了戒备,小男孩立刻使出他的那一招制服了对手,由此赢了比赛,得了冠军。

回家的路上,小男孩和师傅一起回顾每场比赛的所有细节,小男孩鼓起勇气道出了心里的疑问:"师傅,我怎么凭一招就能赢得冠军呢?"

师傅答道:"有两个原因:第一,你基本掌握了柔道中最难的一招;第二,就我所知,对付这一招唯一的办法就是抓住你的左臂,可是你没有了左臂。"

小男孩的成功在于把自己的劣势转化为了优势。职场上也是如此,遭遇不幸的时候,不要只是抱怨,而应主动在困境中寻找机遇,这样你也可以成功。

魔力悄悄话

如果你对工作依然存在抱怨、消极和斤斤计较,把工作看成是苦役,那么,你对工作的热情和创造力就无法被最大限度地激发出来,你的工作将永远归于平庸。与其怨天尤人,不如立志实干,将自己的怨气转化为提升工作的动力,相信你一定会取得成功!

用执行代替抱怨

　　无论你所在的公司规模多么小、业务多么简单,但是它存在并能够给你薪水,就说明它有一定的过人之处,这或许是一项高科技产品,或者是一种先进的管理经验,或者是一种催人上进的企业文化,而这些都是你人生发展必不可少的。所以每天面对自己的工作,我们应该做的,就是全面地认识自己的公司,每天去观察它的成长和自己的成熟,从公司和公司的同仁那里学习知识和技巧,充分利用公司的现有资源,努力做好自己的手头工作,而不是盲目地抱怨。

　　迈克尔刚进公司的时候,上司非常赏识他。为了不辜负上司的器重与信任,他主动申请去开拓公司在非洲的外埠市场,义无反顾地离开了美国,独自去了那块陌生的土地。

　　在非洲,迈克尔竭尽所能地克服生活上的种种不适,虽然问题仍是接踵而至,但他仍卖力地开展工作。他不但要以经理的身份代表公司去洽谈业务,还要以搬运工的身份亲自去码头取货、送货。面对这些,迈尔克没有一句怨言,只是默默地承受,把这一切的磨难当成理所当然。然而,在非洲这块土地上,他辛勤的劳作并没有换来丰盛的成果。两年多来,虽然每天都在竭尽全力地工作,却没有获得在本土时一半的成绩,他成了同事中业绩最差、进步最小的人!上司对他在非洲的表现颇有微词,对他在工作上的支持也没有了以往的热情。但迈克尔没有时间抱怨,仍一如既往地卖力工作。

　　辛勤劳作,并没有换来上司的嘉奖,尤其这种嘉奖对迈克尔来说已经成为他坚持下去的动力,这使他在相当长的一段时间里心境悲凉,觉得前途灰暗,看不到成功的方向。然而,他最后还是选择坚持下去而不是埋怨上司的不理解,并尽最大的努力与上司保持着沟通。他一直把这份艰辛当作一种契机,一首成功的前奏曲。终于,在半年之后,他在非洲的市场有了令人瞩目的重大转机。

　　迈克尔的事例告诉我们,每一次任务都蕴含着机会,与其抱怨不如实干，一名优秀的员工应当像迈克尔一样，无论做什么样的工作，都要时刻以自觉的行动来代替报怨。对于他而言，公司的组织结构如何、谁该为此问题负责、谁应该具体完成这一任务都不是最重要的，在他心目中唯一的想法就是如何解决问题。

当你遇到某一个难题时，也许一个珍贵的机会正在悄悄地等待着你。

所以，一旦你决定要从事某种职业，或者你一旦在从事某种职业，就要立即打起精神，不断地勉励自己、训练自己、控制自己。在你的工作中要有坚定的意志、积极的心态，无论做什么事情都要全心全意去执行。实际上，如果你能够静下心来，仔细地审视自己的工作，你就会发现每一份工作都是一个自我实现的极好的平台，都有着极好的资源等着你去利用。不信，请看下面这则关于丹尼太太的故事。

丹尼太太是一家公司的清洁工，她是一个40多岁、身体有些发福的女人，手脚不是很勤快，但嘴巴却总是闲不住，经常与人搭讪，身边的手提电话也是天天响个不停，好像比公司的经理还要忙。

一天，公司的一些员工们聚在一起聊天，一个叫布鲁斯的职员突然感叹道："我们连丹尼太太都不如啊！"见到别人诧异，他又说："你猜她每个月能赚多少钱？"

一个清洁工，薪水再高能高哪去？于是大家七嘴八舌地讨论开了，有说500的，有说800的，但布鲁斯只是摇摇头，伸出了四个指头，于是有人就"大胆"地预测："不会是4000吧，挺厉害的呀。"

"什么4000？是4万美元！她每个月至少可以赚4万！"布鲁斯笑着说。

"不会吧？"除了布鲁斯，每个人惊讶得眼珠子都差点掉下来。

"是她自己跟我说的。"布鲁斯笑着说。

"丹尼太太还说，做清洁工只是一个平台，我觉得她完全可以做一个CEO了！"

原来，丹尼太太借着到公司做清洁工，打听公司里谁需要找钟点工、谁需要租房子，然后就当起了中介，收取中介费。丹尼太太还自己买了一套房子，并以一万的月租把这套房子租给了一个韩国公司的总裁。

丹尼太太借清洁工这个平台延伸出的另一项业务是卖保险。公司里面有不少员工都已经跟着丹尼太太买了几万元的保险。

清洁工不会是丹尼太太钟爱的工作，因为没有人会喜欢和垃圾打交道。但是她整合资源的能力比任何一家公司的CEO都不差——她能够非常敏锐地发现的利润来源、寻找适当的客户、选择合理的沟通方法以及适时地转变经营项目。她这种利用现有优势做好每一件手头工作的智慧却值得我们每一个人学习。

那么，我们如何像丹尼太太那样有效地利用现有资源，将手头的工作做好呢？首先我们应该做的就是认识自己的公司，找到它每一个值得我们学习的地方，我们可以这样做：

1. 了解公司的情况

要找到公司值得学习的地方，光是在公司认真工作是不够的。我们还应该花点时间在网上或图书馆里查阅有关所在公司的情况，尽可能多地了解一些信息，包括它的产品、规模、收入、声誉、形象、管理人才、员工、技能、历史以及所信奉的企业文化等。特别是了解公司在整个行业中的位置，以及别人或者别的公司对于自己所在公司的评价。

2. 与同事积极合作

公司是一个集体，你就像这其中的一只小蚂蚁，是微不足道的，只有你和另外一群蚂蚁联合起来，才能有所作为。因此，你应该不只关心自己的工作，也应该知道同事在哪里工作，观察他们怎样工作，诸如前台接待人员怎样问候陌生人之类的事情也可能对您有所启发，这都是你平时手头上应该做好的工作。

3. 寻求优秀者

优秀者不一定身居高位，他们在经验、专长、知识、技能等方面比我们略胜一筹，也许是你的同事、同学、朋友、引荐人，他们或物质上给予、或提供机会、或予以思想观念的启迪、或身教言传潜移默化。有了强者的帮助，一来容易脱颖而出，二则缩短成功的时间，三是在危机时能够在第一时间找到强援。

4. 背景学习

无论大小，每个公司都有它的背景，每个公司都有它的中心人物和故事，都体现着公司的核心价值。这些故事讲了些什么？是巨大的成功？卓越的服务？还是商业策略上的竞争？这些故事本身会告诉我们有关公司的许多事情，值得去思考、去学习。

"我为什么要坐在这里""我为什么要工作？而且，还是为了这样一个公司""如果我离开这里会不会更好？"当这些问题经常出现在脑海里时，说明关于工作上的苦恼已经和你纠缠在一起了。这表明你对于自己所从事的工作已经失去了兴趣和激情，没有了工作的热忱，此时你的敬业精神就开始接受最大的考验。出现了这样的问题，你不妨提醒自己知足常乐，因为无论公司大小，工作好坏，你已经站在了前程的起跑线上了，而你所要做的就是把自己手头的工作做好，像丹尼太太那样，充分地利用现有的资源，如果你能这样做的话。那么，成功与卓越就离你不远了。

魔力悄悄话

倘若我们的抱怨毫无理由，就应从根本上改变自己的心态，由消极变为积极，由推诿变为主动，由事不关己变为责任在我。有时，即使我们的抱怨具备十足的理由，那也还是不要抱怨吧。因为在逆境中拼搏能够产生巨大的力量，这是人生永恒不变的法则。

第六章
脚踏实地，低调务实

古往今来，能成就大业，对人类有作为的，无一不是兢兢业业攀爬的成果。在职场上，踏踏实实是职场人士所必备的素质，也是实现梦想，成就一番事业的关键因素，自以为是、自高自大是脚踏实地工作的最大敌人。

踏实工作，完美执行

有个自负聪明的学生参加考试。试卷一发下来，他大致浏览了一下，除了试卷上头一行"请先看完所有题目之后，再开始作答"的字样之外，有 100 道是非题。以他的实力，大约 30 分钟可答完，他满怀自信地提笔开始答题。

过了两分钟，有人满面笑容地交卷，这个聪明的学生不禁心中暗笑："又是交白卷的家伙。"

再过 5 分钟，又有七八个人交卷，同样是笑容满面，看来不像是交白卷的模样。这个聪明学生看看自己只答到 20 几道题，连忙加快速度，埋头作答。

待他答到第 76 题时，赫然发现题目写着"本次考卷不需作答，只要签上姓名交卷便得满分，多答一题多扣一分。"

聪明的学生看着试卷第一行的说明："请先看完所有题目之后，再开始作答。"他不禁痛恨起自己的浮躁。

你若时时把自己看得高人一等，处处表现得比别人聪明，那么你就会不屑于做别人的工作，不屑于做小事、做基础的事。

因此，每个职场中的人要想实现自己的梦想，就必须调整好自己的心态，打消投机取巧的念头，从一点一滴的小事做起，在最基础的工作中，不断地提高自己的能力，为开始自己的职业生涯积累雄厚的实力。

美国第 30 任总统约翰·卡尔文·柯立芝总统是一位深谋远虑做事脚踏实地的人，因此当他做决定时，对于事情的结果，早已有八分的把握了。

有一次，麻州哈德森市发生了一桩命案，一个无名男子被人打死了。当时市政府派委员普勒特前去调查，普勒特拟将尸首移开，但不知法律上是否允许这样做，因此便到市上最有名的两个律师亨利和费特的事务所去，想问个究竟。

当他赶到事务所时，凑巧那两个律师都有事外出，所里只有一个青年，坐在一张小写字桌前，正在阅读一本法律书。普勒特问他所里是不是只有他一个人，那个青年极客气地说"是"，接着仍旧看他的法律书。

普勒特等了好一会儿,仍然不见有人回来,终于等得不耐烦了,只好把来意告诉了青年,并且说他实在不能再等下去了,因为那个尸体非赶快移开不可。

青年仔细听他说完,想了一会儿,冷冷地回答说:"你把那尸首移开好了。"

普勒特疑信参半,用极沉重的口吻问道:

"你对这事可以负责吗?"

青年这时仍用冷冷的口吻回答说:"是的,你尽管把那尸首移开好了。"

于是普勒特半信半疑地离开,在门口凑巧碰见亨利律师回来。

普勒特连忙把事情重述了一遍,并很不满地问道:"亨利先生,那个坐在屋子里的家伙是谁?"

亨利笑着说:"请您不要见怪,那个小伙子平时总是这样不大开口的,但是他做起事情来,却稳重得像老牛一般。他虽然来我们这里只做了几个月的事,但已经使我们知道他是一个说出话来永不会打回票的人了。所以现在他既然回答你可以把那尸首移开,你尽管大胆照着去做好了,包你不会有错!"

那个青年是谁? 他就是后来被选为总统的柯立芝!

职场中的人要记住:只有埋头苦干的人,才能显出真正的聪明,才能成就一番事业。

魔力悄悄话

李嘉诚说:"不脚踏实地的人,是一定要当心的。假如一个年轻人不脚踏实地,我们使用他就会非常小心。你造一座大厦,如果地基打不好,上面再牢固,也是要倒塌的。"

脚踏实地,才能更好地执行

克劳斯特·宾偶然间从报纸中缝里发现了一则"德国科利银行"招聘经营管理职员的广告。他准时赴约,总经理扬·德班接待了他。克劳斯特·宾一看满脸严肃的总经理,心里就忐忑不安起来。但是他尽力保持镇静,详尽地回答总经理的提问。

总经理问:"先生,你能从工作的实际经验出发,给我描述一下公司的未来吗?"

克劳斯特·宾回答说:"先生,我认为公司的发展应当是秩序化的管理,而不是什么关于未来的夸夸其谈。"

总经理问:"为什么这样说呢?"

"因为我到您这里的时候,已经看到了公司的现状。"这时,外面突然传来警车鸣笛的声音,但是克劳斯特·宾却好像什么也没有听见,仍在认真阐述自己的观点……

总经理说:"你是到本公司面试的第109个人,其中有84个人与你的观点相近。"

总经理的话意味着什么,明眼人一听就知道了。克劳斯特·宾心里感到很难受,真是"乘兴而来,败兴而去",不过,他还是很有礼貌地起身告辞。

他走到门口的时候,突然发现有一个钉子掉在地上,没有多想什么,他就把钉子捡了起来装在自己的口袋里,慢慢地向门外走去……

这时,总经理突然在后面喊道:"先生,我能继续和您谈谈吗?"

克劳斯特·宾非常惊讶地问:"先生,我不是没有希望吗?"

总经理笑着说:"先生,在面试的109个人中,只有你一个人是那样回答问题的。重要的就是你刚才捡钉子的动作,实在让我震惊。要知道,有多少面试的人都踢开了这颗钉子,唯有你看到了这颗钉子的存在,这证明你非常务实。我决定录用你!"

事实证明,克劳斯特·宾到了公司之后,脚踏实地,做出了卓越成绩,最终成为公司的总裁。

命运掌握在勤勤恳恳工作的人手上,所谓的成功正是这些人的智慧和勤劳的结果。即使你的智力比别人稍微差一些,你的实干也会在日积月累中弥补这个弱势。

实干并且坚持下去是对勤奋刻苦的最好注解。要做一个好的员工,你就要像石匠一样,一次次地挥舞铁锤,努力把石头劈开。也许100次的努力和辛勤的捶打都不会有什么明显的结果,但最后的一击石头终会裂开的。成功的那一刻,正是你前面不停地刻苦的结果。

卡尔森是卡尔森企业集团的老板,名下有全世界最大的旅行社以及瑞森大饭店。《福布斯》杂志估计他的财产近5亿美元。他是勤奋致富的典范。他是个从推着自行车卖奖券开始,一直做到全国首屈一指的大富豪的传奇人物。他的工作哲学是"星期一到星期五是在保持竞争力不落人后,星期六与星期日拿来超越他人。"卡尔森是一个工作狂。

工作中,许多人都会有很好的想法,但只有那些在艰苦探索的过程中脚踏实地付出辛勤劳动的人,才有可能取得令人瞩目的成果。同样,公司的正常运转需要每一位员工付出努力,脚踏实地在这个时候显得尤其重要,而你的勤奋的态度会为你的发展铺平道路。

脚踏实地是一所高贵的学校,所有想有所成就的人都必须进入其中,在那里可以学到有用的知识,独立的精神和坚忍不拔的习惯也会得到培养。

每个人必须要对工作保持足够的用心。做事和人的成长一样,都是从小到大,一步步开始的。没有人能够一步登天的,眼高手低,好高骛远,自认为自己的能力很强,不能干那种琐碎的小事,这种想法会阻碍一个人的前进。凡事需要一点一滴地做起,如果缺少了这份积累和耕耘,一切都只能是空想。

正是因为有了脚踏实地的精神,人类才夷平了新大陆的所有障碍,建立起人类居住的共同体。

滴水可以穿石,锯绳可以断木。如果三心二意,哪怕是天才,终有疲惫厌倦之时。只有仰仗恒心,点滴积累,才能看到成功之日。坚持的人能笑到最后,如同耐跑的马终会脱颖而出。

"永远不要绝望。"杜邦公司总裁这样告诫他手下的员工:"如果做不到这一点的话,那么就抱着绝望的心情去努力工作。"

人生目标贯穿于整个生命,你在工作中所持的态度,使你与周围的人区别开来。日出日落、朝朝暮暮，他们或者使你的思想更开阔，或者使其更狭隘，或者使你的工作变得更加高尚，或者变得更加低俗。

行为本身并不能说明自身的性质，而是取决于我们行动时的精神状态。工作是否单调乏味，往往取决于我们做它时的心境。每一件事都值得我们去做，而且应该用心地去做。

在工作中，克制浮躁、脚踏实地的员工，才能跳得更高。

魔力悄悄话

从失败中学到的东西要比从成功中学到的东西多得多。人们往往是通过发现哪些是不该做的以后，才懂得哪些是应该做的。从不犯错误的人也许永远不会发现。

务实是良好执行力的基础

一个中国人在德国问路："先生,这个地方怎么走? 大概什么时候能到?"德国人根本不理他,他就觉得这个人很傲慢。而当自己往前走了二三十米时,德国人突然追上来说:"你到那儿大概要 12 分钟。"这个中国人就问:"那你刚才为什么不告诉我?"德国人说:"因为你问我多长时间到,所以我要看看你走路的速度才能决定。"

这是一个很有意思的讲述普通德国人务实作风的例子。其实,德国人的务实作风不仅体现在日常生活的方方面面,更体现在其工作的整个过程中。

在德国企业,无论是高层的管理者,还是基层的员工,他们都致力于自己的本职工作,兢兢业业、踏踏实实做事。"好"的意义在德国人的字典里比原来的好更加深了一层,他们不仅仅要完成工作,而且在完成工作后要先自行检查,每一个细节都要认真核对,绝不放松。对德国人来说,90% 的完美并不表示完成了工作,他们甚至会为了达到另外 10% 的完美付出和 90% 的完美同样多的时间和精力,而这仅是德国人务实作风的冰山一角而已。

从深层次探讨,我们发现德国人的务实作风不仅来源于德国企业对员工的严格要求,更来源于员工的高度自觉性,因为员工一旦出现一点儿敷衍塞责和马虎失职,那就只有另谋高就了。可以说,严谨务实是德国人的整体精神所在,他们每一个人都和散漫浮躁格格不入。强烈的实事求是、一丝不苟的工作态度已经渗入德国人的血液里,他们工作起来,就像一架精密运转的仪器,严格冷峻,绝不夸夸其谈。正是凭借这样的务实作风,德国企业才能创造出驰名世界的汽车等众多产品,将其特有的严谨务实的工作态度和思维习惯推向世界。

当前,人才是一个企业制胜的法宝,然而让众多中国企业人力资源部门头痛的是,在员工中普遍充斥着一种浮躁的情绪,这不仅影响了工作效率,而且对于整个企业的工作氛围也造成了不良影响,进而造成企业整体效益的下降。所以，教育员工克服浮躁心态，并进入"务实工作状态"，并在这个过程中达到企业和员工的共同成长，这才是解决问题的关键。

而对员工来说，要想成就一番事业，就必须具有求真务实的精神。务实是成就一切伟大事业的前提，现在的很多优秀企业都以务实作为评估人才的一项重要标准。

英特尔中国软件实验室总经理王文汉先生说，在英特尔公司里，考虑员工晋升时，从来就不把学历当作一个因素。

学历最多只是起到敲门砖的作用，在进入企业之后，员工个人的发展就完全取决于自己的努力。有的硕士生可能不够务实，那么他的工资待遇就会降下来，而一些本科生经过自己的努力，取得了优异的成绩，那么他就会更快得到晋升。

王文汉先生还举了下面这个凭借努力务实和拼搏精神在英特尔实现成功的例子：

英特尔中国软件实验室里有一位软件工程师甚至连大学学历都没有，当初这位工程师就是凭借自己设计的一些软件程序进入英特尔的。最初，他只是作为一名普通的程序员被录用的，但是王文汉不久以后就发现，这位程序员并不普通，他不仅可以高效率、高质量地完成相关的程序设计工作，而且还主动学习高科技软件的研发知识，甚至他还利用休息时间参加了英特尔内部及各大院校举办的软件开发课堂。

一年之后，当英特尔中国软件实验室需要引进高水平的软件工程师时，这位程序员因为业绩扎实、技术水平先进而成为选拔对象，而很多比他先进入公司的、拥有更高学历的程序员们依然在程序员的位置上继续消耗自己的青春。

成功所需要的一切因素都需要靠务实努力来获取：大量有用的知识要靠扎扎实实地学习来获得；克服困难的力量要靠一点一滴的艰苦努力来积淀；同事的协作和上司的支持要靠诚信的品质和实实在在的能力来赢取；转瞬即逝的机遇要靠脚踏实地的艰苦付出来把握。

务实是成就一切事业的前提，如果没有务实的工作态度和工作作风，爱迪生纵然再有聪明的头脑也不过是一个幻想家，而不会成为世界上最伟大的发明大师；如果没有投身于科技事业的奋斗精神，比尔·盖茨即使聪明绝顶，也不会成为领导世界500强的全球首富；如果没有艰苦卓绝的努力练习，达·芬奇即使是天才也不会有诸多伟大作品的问世……

因此,每一个职场人士都应该针对自己,分析现状,找出浮躁的根源,全面充实提升自己,从个人务实发展、务实做事、务实做人几个方面鞭策自己、要求自己,不断努力,才能使自身不断得到发展。

魔力悄悄话

成功必须靠务实努力来实现。成功的道路是靠一步一个脚印走出来的,从来没有一蹴而就的成功。如果没有求真务实的奋斗,没有踏踏实实的努力,即使拥有再多的知识、获得他人的多少帮助、遇到过多少良好的机会,都不会实现最终的成功。

在执行过程中,养成务实的习惯

只有把务实当作工作的使命并努力去做,养成务实的好习惯,你的工作才会变得更有效率,你才能更乐于工作,而且还更容易取得成功。对每一个职场人士来说,这无疑是再好不过的结果。

因此,不管你正处于"蘑菇"时期,还是你做的工作很单调、很琐碎,你都应该全心全意做好,这样才会使自己得到成长,才会有加薪和晋升的机会。一个销售人员,如果希望自己有一天能当业务经理,首要条件是把推销员的工作做得有声有色,使业绩超过所有的人,才有希望获得经理职位。如果你是一个操作机器的工人,你就应当把时间全部用在机器上,认真地去了解它所具有的性能,了解它每一部分的功能。如果你使用了几年的一部机器,除了会操作之外,对它一点都不了解,甚至于什么地方出了毛病也不知道,升迁和加薪就很难与你有缘。

弗雷德是美国邮政的一名普通邮差,然而他实现了从平凡到杰出的跨越。他的故事改变了2亿美国人的观念。

一天,职业演说家桑布恩迁至新居,邮差弗雷德前来拜访:"上午好,先生! 我的名字叫弗雷德,是这里的邮差,我顺道来看看,向你表示欢迎,介绍一下我自己,同时也希望对您有所了解,比如您的职业。"

当得知桑先生是职业演说家时,弗雷德问:"那么你肯定要经常出差旅行了?"

"是的,确实如此,我一年有200来天出门在外。"

弗雷德点点头继续说:"既然如此,最好你能给我一份你的日程表,你不在家的时候我可以把你的信件暂时代为保管,打包放好,等你回来时再送来。"

这简直太让人吃惊了! 不过演说家说:"把信放在门前邮箱里就行了,我回来时取也一样的。"

邮差解释说:"桑布恩先生,窃贼经常会窥探住户的邮箱,如果发现是满的,就表明主人不在家,那你可能就要身受其害了。"

演说家想:"弗雷德比我还关心我的邮箱呢,不过,毕竟在这方面,他才是专家。"

弗雷德继续说:"不如这样好了,只要邮箱的盖子还能盖上,我就把信放到里面,别人不会看出你不在家。塞不进去的邮件,我搁在房门和屏栅门之间,从外面看不见。如果那里也放满了我就把信留着,等你回来。"

两周后,演说家出差回来,发现擦鞋垫跑到门廊一角了,下面还遮着什么东西。原来美国联合递送公司把他的一个包裹送错了地方,弗雷德把它捡回来,送回原处,还留了张纸条。

这就是邮差弗雷德的故事,把信件放入邮箱是一项十分单调的工作,如果邮差弗雷德能以如此卓越的创新精神和责任心来对待它,那么我们也一样可以调整工作态度,重新焕发青春,使自己生机勃勃。

因此,每当我们工作沮丧乏力、意志消沉的时候,我们应该相信,不论自己从事什么工作,在何种行业,也不论你住在何处,每个人都可以像邮差弗雷德那样,用百倍的责任心赋予工作更多的新意和创举。

工作是成就事业的唯一途径,如果把工作看成是生活的代价,是一种无可奈何、无法避免的劳碌,那将是十分错误的!

一个轻视自己工作的人,是不可能尊敬自己的。由于看不起自己的工作,因此备感工作艰辛、烦闷,自然他的工作也不会出色。

有些人认为公务员更体面、更有地位,而不喜欢商业和服务业,不喜欢体力劳动。他们总是固执地认为自己在某些方面更有优势,有更广阔的前途,应该活得更加轻松,应该有一个更好的职位,工作时间也应更自由。这是一种错误的从业心态。

还有不少人自命清高、眼高手低。他们动辄感到被老板盘剥、替别人卖命、打工,是别人赚钱的工具,因而在思想上产生了严重的抵触情绪,聪明才智没有用来思考如何十全十美地做好上级交给的工作,而是整日抱怨,把大好的光阴和大把精力,在蹉跎中白白浪费掉了。

这一现象,在一些刚走出校园进入社会的人身上尤为突出。他们总对自己抱有很高的期望,认为以自己的学识和才干,应该从事些体面的工作,获得重视。

但事实上,刚刚跨入社会的年轻人,由于缺乏工作经验,无法被委以重任,工作自然也不是他们所想象的那样体面。然而,当老板要求他去做应该负责的工作时，他就开始抱怨起来："我被雇来不是要做这种活的。""为什么让我做而不是别人？"对工作就丧失了起码的责任心，不愿意投入全部力量，敷衍塞责、得过且过，将工作做得粗陋不堪。长此以往，嘲弄、吹毛求疵、抱怨和批评的恶习，将他们卓越的才华和创造性的智慧悉数吞噬，使之根本无法独立工作，成为没有任何价值的员工。因此，在职场中，一个人即使很有才华，但如果没有敬业精神，不尽心尽力，只是一味地应付工作，那么他在任何公司里都是难以取得成功的。

汤姆孙是一家咨询公司的员工。他受过很好的教育，才华横溢。但是他在这家公司工作很长时间了，却久久得不到提升。

原来，他工作十分散漫、马虎，从未认认真真地把一件工作完整地做好过。他整日都在消磨时间，把精力都用来思考怎样逃过一项艰难的工作和应付上司的监督上。在工作时间，他虽端坐在自己的位子上，但他的心却不在此，他在想着昨晚的球赛或今天晚上下班后到哪里去玩。一旦工作推不过，不得不做时，他也是应付了事，根本不会考虑这样做会有什么影响或给公司造成怎样的损失。

正是因为他不把公司放在心里，没有时刻想着公司，公司也把他"遗忘"了。所以，他直到现在还在做着平凡普通的工作，把自己的一生都耽误了。

"天生我材必有用"，"三百六十行，行行出状元"，只要我们立足本职工作，发挥自己的聪明才智，为企业做出了应有的贡献，就会得到老板的承认、同事的赞美。

魔力悄悄话

不管从事什么工作，有所投入才能有所收获。只要你还在一个工作岗位上，就应该安下心来，认真负责地完成这项工作。如果你能够养成职业的责任感，对自己的工作高度重视，你就会成为老板最信赖的人，将会被委以重任，否则只能收获平庸。

要低调做人，高调做事

怎么才能要别人喜欢你？因为你在他面前，能让他感到很舒服、很自在、很优越、很有成就、很有自信……周星驰深深地了解这一点，所以他成功了！

周星驰的票房之所以会高，不是因为他善于演喜剧片，而是因为他是一个"心理学专家"，他懂得真正的成功道理——低调做人，高调做事。把别人垫高，把自己放低。让别人有了"安全感"，让别人有了"快乐"，让别人有了"自信"，让别人有了"希望"，这样别人才会喜欢自己，让自己顺顺利利地成功。

在现实生活中用"藏巧于拙、用晦而明、聪明不露、才华不逞"等韬略来隐蔽自己的行动，可以达到出奇制胜的目的。表现低调些，做事情过于张扬就会泄漏"事机"，就会让对手警觉，就会过早地把目标暴露出来，成为对手攻击和围剿的"靶子"。保护自己的最好方式就是不暴露，尽管这样做会有损失，却能避免更多不可预知的风险。

任正非也是一个低调的人。1998 年，华为以 80 多亿元的年营业额，雄踞当时声名显赫的国产通信设备四巨头之首，势头正猛。而华为的首领任正非不但没有从此加入明星企业家的行列中，反而对各种采访、会议、评选唯恐避之不及，就是直接有利于华为形象宣传的活动甚至政府的活动也一概坚拒，并给华为高层下了死命令：除非重要客户或合作伙伴，其他活动一律免谈，谁来游说我就撤谁的职！整个华为由此上行下效，全体以近乎本能的封闭和防御姿态面对外界。

2002 年的北京国际电信展上，华为总裁任正非正在公司展台前接待客户。一位上了年纪的男子走过来问他："华为总裁任正非有没有来？"任正非问："你找他有事吗？"那人回答："也没什么事，就是想见见这位能带领华为走到今天的传奇人物究竟是个什么样子。"任正非说："实在不凑巧，他今天没有过来，但我一定会把你的意思转达给他。"

关于任正非还有很多故事。有人去华为办事,晕头转向地换了一圈名片,坐定之后才发现自己手里居然有一张是任正非的,急忙环顾左右,斯人已踪影不见。有人在出差去美国的飞机上,与一位和气的老者天南地北地聊了一路,事后才被告知那就是任正非,于是懊悔不迭。这些多少有点传奇的故事,说明想认识任正非的人太多,而真能认识任正非的人却很少。

近两年来,华为的壁垒有所松动,出于打开国外市场的需要,华为与境外媒体来往密切,和国内媒体的接触也灵活不少,华为的一些高层也开始谨慎露面。唯一没有任何解禁迹象的,是任正非本人。

正是由于任正非的低调做人,才使他有更多的时间和精力打理公司,每年花大量时间游历全球,在各个发达市场与发展中市场上寻觅机会,在通信设备国际列强间合纵连横,寻觅可用的力量与资源,深刻领悟西式规则的同时,充分发挥东方的智慧,带领着华为再创辉煌。

做人要低调,做事要高调。做事高调就是说做事情要积极主动,发挥出自己最大的能力与才干。每当有工作当前时,不要总是推托,能不做就不做,总以为自己多做了就会吃亏。其实,只要你认真努力工作,公司的同事会看到眼里,上级主管会看在眼里,公司的老总也会看在眼里。最重要的是高调的工作让你成为一个积极向上的人,让你可以在工作中学到更多东西,可以成长得更快。所以,千万不要等你的领导来催促你。不要做一个墨守成规的人,不要害怕犯错,勇敢一点吧!领导没让你做的事你也一样可以发挥自己的能力,成功地完成任务。

要尽力改善,争当领头羊。当你看到什么事情不如意时,不要推托,要马上解决,这样你不仅可以在解决困难中得到锻炼和成长,更可贵的是你可以学到很多东西。你是否觉得你的公司应该制造一种新产品?如果要,就赶快想办法尽量改善吧,你应相信:即便开始时是一个人孤军奋战,只要这个构想真的很好,对众人都有利,很快就会赢得支持。工作时的高调让你赢得一些其他人不可能有的机遇。

我们有能力只能算得上能干,真正得到上级肯定,前途光明的员工是那种能干而又肯干的人,而那些站在场外袖手旁观的人,在工作上行为低调的人,永远也只能是看客。大家都信任脚踏实地的人,人们一致相信:这个人敢说敢做,绝对知道怎么做最好。我们还没听过有人因为没有打扰别人、要等别人下令才做事而受到称赞的。

成功人士和平庸之辈,是两种截然不同类型的人。成功人士在做事上都是高调的,在做人上都是低调的。他们都把精力放在做事情上,但从不喜欢在别人面前显露自己。而那些庸庸碌碌的普通人恰恰相反,他们总喜欢把自己夸耀得什么都能做,而实际上却什么都不想做。他们是说话的将军,行动的败兵。现在的社会会说话当然很重要,但是如果只知道说,把自己吹得天花乱坠却从来不切切实实地去做事,在别人眼里,也只是一个说话的工具而已。

魔力悄悄话

　　成功没有别的捷径,只能是脚踏实地,一环扣一环地前进,也就是人们经常说的"一步一个脚印"。再精巧的木匠也造不出没有根基的空中楼阁,任何伟大的事业也都是由无数具体的、微小的、平凡的工作积累的,不愿意干平凡工作的人,很难成大事,世间没有突然的成功,成功的诀窍就是脚踏实地、勤勤恳恳地做事,谦虚谨慎、实实在在地做人。

第七章

学会认真，雕琢细节

在日常工作中，我们一定要培养注重细节的好习惯，提高善抓细节的能力，只有这样，才能能把个人潜在的智慧和力量更有效地发挥出来，才能少走弯路，少出纰漏。任何一件事情，无论它有多么艰难，只要你认真去做，全力以赴去做，就能够做到。一个人比较成功，一定是他比较认真。假如一个人还没有成功，那他一定还不够认真。

认真细致，避免执行中的疏漏

尽管很多经营者都知道质量是企业的生命线，但在实际行动中，出于成本等考虑，他们在追求质量方面，总是"适可而止"，有时候，为了提高销量，甚至不惜牺牲质量。

这里有一组数据，可以让在质量方面"适可而止"的人大吃一惊。

如果99.9%就算够好了的话，那么，在美国：

每年会有1145万双不成对的鞋被船运走；

每年会有20 077份文件被美国国家税务局弄丢；

每年会有25 077本书的封面被装错；

每年会有20 000个处方被误开；

每年将有55 077盒式软饮料质量不合格；

每天将有3056份《华尔街日报》内容残缺不全；

每天会有12个新生儿被错交到其他婴儿的父母手中；

每天会有2架飞机在降落到芝加哥奥哈拉机场时，安全得不到保障；

每小时会有18 322份邮件投递错误；

99.9%的合格率，尚且如此让人触目惊心，而对很多企业来说，根本还没有达到这一合格率。

2%的责任得到了100%的落实，2%的可能被一一杜绝。终于，100%，这个被认为"不可能"的产品合格率成为现实。

在日本，河豚被奉为"国粹"，河豚肉质细腻，味道极佳，但这种鱼的味道虽美，毒性却极强，处理稍有不慎就有可能致人死命。在其他国家，每年中毒、死亡者达上千人，但同样是吃河豚，在日本却鲜有中毒、死亡的事情发生。

日本的河豚加工程序是十分严格的，一名上岗的河豚厨师至少要接受两年的严格培训，考试合格以后才能领取执照，开张营业。在实际操作中，每条河豚的加工去毒需要经过30道工序，一个熟练厨师也要花20分钟才能完成。但在其他国家，加工河豚就像做普通菜一样，加工过程随随便便，烹饪过程也没有太多的工序。

加工河豚为什么需要 30 道工序而不是 29 道？我们不得而知，我们知道的是日本人很少有人吃河豚而中毒，原因就出在工序上，经过 30 道加工工序后，河豚肉不仅味道鲜美，而且卫生无毒害，但粗糙对待工序只会导致严重的后果。

公司就是你的船，一个毫不起眼、微不足道的问题就可能导致整条船的沉没。因此我们在工作中要培养认真细致的做事风格，确保工作万无一失。在企业中，做事情一定要一板一眼，凡事都按照流程去做，宁愿多花成本、降低做事效率也要保证公司的利益和安全。

魔力悄悄话

事实上，严格按照流程去做，最后都能达到预期目标，走捷径、投机取巧有时反而会把事情弄糟。凡事都按照流程去做的话，有些细节就会在操作中一步步被发觉，隐患也就理所当然地被消除了。

差不多是执行中的大忌

差不多就是差很多，差一点成功就是没有成功。差不多思想是企业经营的大忌，如果企业上下都形成了差不多的文化和风气，那么这个企业差不多就要走到尽头了。

中国一家国有企业想与一家英国公司洽谈商务合作事宜，为此，这家国企花了大量时间做前期准备工作。在一切准备工作就绪后，这家国企邀请英国公司代表前来企业考察。

前来考察的英国公司总裁，在这家国企领导的陪同下，参观了企业的生产车间、技术中心等一些场所，对中方的设备、技术水平以及工人操作水平等都点头认可。中方非常高兴，设豪华宴席款待了英方总裁。

宴会选在一家十分奢侈的大酒楼，有 20 多位中方企业代表及市政府的官员前来作陪。这位英方总裁还以为中方有其他客人以及活动，当他知道只为款待他一人时，感到不可思议，当即表示与中方企业的合作要进一步考虑。

这位总裁回国后，发来一份传真，拒绝了与这家国企的合作要求。中方认为，企业的各项要求都能满足英国公司的要求，对英方总裁的招待也热情周到，却莫名其妙地遭到拒绝，对此他们不理解，便发函询问个究竟。

英方公司回复说："你们吃一顿饭都如此浪费，若我们把大笔的资金投入进去，我们怎么能放心呢？"这家国企因为一顿奢侈的晚宴而毁掉了一个即将到手的合作，很是懊恼，此时木已成舟，他们追悔莫及！

在总结这次合作未成功的大会上，这家国企的老总说："要不是我们在宴会上的疏忽，我们一定会与英国公司合作成功的！离合作成功我们就'差一点'了！"

差一点就是差很多，连企业的老总都喜欢用"差一点"为自己推脱责任，就很难想象这家企业能够像海尔、联想这样的国际知名企业一样成为中国企业界的骄傲。

差一点就是差很多,无论是经营企业还是做任何事情,细节决定成败是一项放之四海而皆准的训条。马克思十分推崇并在经典著作中多处引用的"马蹄铁现象",说明了由于事物的内在联系,某些初始条件十分细微的变化,可能对事物的发展造成灾难性的后果,千军万马中丢了一块马蹄铁,有可能输掉一场战争。

"二战"期间,驻守索伦港的英军与总部的一次无线电通话被德军截获,因通话中在保密上的疏忽而"泄露天机",结果被德军全歼;日军在中途岛战役中,由于用简易密码联系淡水供应问题而被美军破译,以致遭到惨败。

诸如此类小事酿大祸的例子不仅在战争中比比皆是,在其他领域中也并不鲜见,1970 年美国进行导弹发射试验,由于操作人员对弹体上的一个螺母少拧了半圈,导致系统失灵发射失败;1980 年"阿丽亚娜"火箭试射,操作人员不慎将火箭上的一个商标碰落,正好堵住了燃烧室喷嘴,结果耗费巨资的发射毁于一旦。

100 件事情,如果 99 件事情做好了,一件事情未做好,而这一件事就有可能对某一公司、单位及个人产生 100% 的影响。在数学上,100 减 1 等于 99,而在企业经营上,100 减 1 却等于 0。

100 次决策,有 1 次失败了,可能让企业关门;100 件产品,有 1 件不合格,可能失去整个市场;100 个员工,有 1 个背叛公司,可能让公司蒙受无法承受的损失;100 次经济预测,有 1 次失误,可能让企业破产……

巴林银行是伦敦一家著名的金融企业。它成立于 1763 年,在其 200 多年历史中,有一批又一批业务员为它效力,它也经营过无数笔业务。然而,因为一个小的职员在新加坡疯狂投机,给公司带来 86 亿英镑损失,并直接导致巴林集团的历史宣告结束。这是"100 减 1 等于 0"的真实写照。

一位企业经营者说过,"如今的消费者是拿着'显微镜'来审视每一件产品和提供产品的企业。在残酷的市场竞争中,能够获得较宽松生存空间的企业,不是'合格'的企业,也不是'优秀'的企业,而是'非常优秀'的企业。自己要求自己的标准,必须远远高于市场对你的要求标准,你才可能被市场认可。"

无论是密码保密上的失误,还是巴林银行的一次风险交易,都是危机的萌芽,刚开始很容易驱除,但如果因一时大意被忽略,都会造成毁灭性的打击。一个小病毒的入侵就可能使整个企业的信息系统陷于瘫痪,一个小岗位的设计失误就可以导致整个组织的效率大减,任何对蛛丝马迹的不察、对细枝末节的大意和对细小变化的疏忽，都可能为企业发展带来无法弥补的损失。

工作中一个小小的疏忽和失误，就会造成产品和服务上的缺陷，每一个缺陷都会影响到企业在顾客心目中的形象和地位，给企业带来难以估量的损失。海尔集团总裁张瑞敏曾经说过："把每一件简单的事做好就是不简单，把每一件平凡的事做好就是不平凡。"

魔力悄悄话

在精细化管理的时代，细节可以决定一个企业的成败。我们要让企业这艘船平安地驶向目的地，就应当养成注重细节的习惯，把事故的苗头消灭在萌芽之中。

态度决定执行细节

一位年轻的修女进入修道院以后一直从事织挂毯的工作,做了几个星期之后她再也不愿意干这种无聊的工作了。

她感叹道:"给我的指示简直不知所云,我一直在用鲜黄色的丝线编织,却突然又要我打结、把线剪断,这种事完全没有意义,真是在浪费生命。"

身边正在织毯的老修女说:"孩子,你的工作并没有浪费,其实你织出的很小的一部分是非常重要的一部分。"

老修女带着她走到工作室里摊开的挂毯面前,年轻的修女呆住了。

原来,她编织的是一幅美丽的《三王来朝》图,黄线织出的那一部分是圣婴头上的光环。她没想到,在她看来没有意义的工作竟是这么伟大。

你可能永远都无法看到整体工作的美,但是缺少了你那部分,整体工作就不完整了,什么都不是了。

工作实质上并没有孰优孰劣之分,认真对待每一件事都算是做大事,固守自己的本分和岗位,就是作出的最好的贡献。

没有哪一个人的付出是没有意义的,每一个工作过程都成就了另一个过程,只有环环相扣,整体工作才会和谐美好。每个人各就各位,努力尽责并扮演好自己的角色,我们才可以顺利地完成一份共同的责任——让企业发展得更好! 完整的工作有意义,就像一部零件齐全的车才能在路上奔驰。我们不能想象一辆只有三个车轮的宝马汽车怎样在路上飞速行驶。一只狮子,它对付一只大象时,会用尽其所有的专注、敏捷与力量,而当它对付一只兔子时,它使用的力量是一样的。

在工作中,一些小事常反映出大问题。所以,我们的小节便是我们的名片,是我们身份的象征。

鲁尔先生要雇一名勤杂工到他的办公室帮忙处理一些杂务,他最后挑了一个男童。

"我想知道,"他的一位朋友问,"你为什么要挑他,他既没有带介绍信,又没有人推荐。"

"你错了。"鲁尔先生说："他带了很多介绍信。他在门口时擦去了鞋上的泥，进门时随手关门，这说明他小心谨慎。进了办公室，他先脱去帽子，回答我的问题干脆果断，证明他懂礼貌而且有教养。其他所有的人直接坐到椅子上准备回答我的问题，而他却把我故意扔在椅子边的纸团拾起来，放到废纸篓中。他衣着整洁，头发整齐，指甲干净。难道这些小节不是极好的介绍信吗？"

不要忽视小节，这句话在现代职场上已被奉为金玉良言。

在一家公司上班，待的时间长了，一些人就很随意地自然不自然地把公司的物品私自拿回家使用，小到一张复印纸、一支圆珠笔，大到电脑、汽车，并且顺其自然地使用这些免费资源。

把公司的一个信封、一沓稿纸、一支圆珠笔等物品顺手牵羊地拿回家，尽管这些小东西不值钱，却能反映一个人的职业操守和道德品质。

公司的物品不是免费资源，员工必须坚持原则，处处注意自己的不良行为，养成不拿公司一针一线的习惯。即使别人都在那样做，你也绝对不能跟着去仿效。大家认为不过是拿公司不值钱的小东西，不过是用公司的电脑上上网、发发邮件、玩玩游戏而已，其实，这也会影响公司的生产成本，加重公司的负担，甚至会严重影响公司的正常发展。如果老板知道你的这些不良行为，也不会对你有好感，这将直接影响你在职场上的成功。

一家公司的女职员把公司的稿纸拿回去，给上小学的孩子当作业本用。孩子老师的丈夫就是另一家公司的部门经理，该家公司正要与女职员所在的公司合作一个项目。当他无意中看到孩子的作业本竟是公司的稿纸时，他就想："这家公司的风气太坏了，这样的公司怎么能做好生意呢？"于是便中止了与该公司的合作计划。

有谁会想到这么一个大项目的合作失败竟然是一本稿纸惹的祸呢？可以试想一下，如果那名女职员的老板知道了这件事的原委，女职员会有怎样的下场呢？

也许你会这样想：占用公司一本稿纸、一支圆珠笔有什么大不了的？这些不值钱的东西，用用又有什么关系？其实，你的想法是错误的。一个人职业品质的好坏，往往从细小的地方表现出来，不要小看一张纸或一支笔，它所造成的伤害，会比你想象的要严重得多。许多人在职场打拼多年，没有取得成功，就是败在自己不良的职业操守上。

另外,占用上班时间做私事,在公司打私人电话,这些事同拿公司的一张纸或一支圆珠笔一样,都是贪占公司的小便宜,从这些小事中可以看出一个人的职业品德。做到上班时全身心地投入工作,不占用上班时间处理私事;下班后,不顺手拿走公司的一针一线。注意这些细小之事,对你的职业生涯甚至人生都有益处。

在中国的宋朝有个文人,整天看些禅宗的书,苦思冥想的,希望能参禅悟道。有天他去街上买肉,看到肉案子上红红白白的肉,向卖肉的说道:"给我来六两精的(瘦肉被称为精肉)。"卖肉的把刀往案上一剁,怒道:"哪个不是精的?"文人言下大悟。

工作不也是这样吗?有哪一个岗位上的工作是不重要的呢?只要尽心尽职去努力,就值得大加颂扬。

魔力悄悄话

没有不重要的工作。当每个员工都把哪怕是看似微不足道的工作做好时,整个企业就一定能有大发展。

执行中做到百分之百才合格

尽管很多经营者都知道质量是企业的生命线,但在实际行动中,出于成本等考虑,他们在追求质量方面,总是"适可而止",有时候,为了提高销量,甚至不惜牺牲质量。

一位管理专家一针见血地指出,从手中溜走1%的不合格,到用户手中就是100%的不合格。为此,员工要自觉地由被动管理到主动工作,让规章制度成为每个员工的自觉行为,把事故苗头消灭在萌芽之中。

国内某房地产公司的老总曾回忆到:"1997年,一个与我们公司合作的外资公司的工程师,为了拍项目的全景,本来在楼上就可以拍到,但他硬是徒步走了两公里爬到一座山上,连周围的景观都拍得很到位。当时我问他为什么要这么做,他只回答了一句:'回去董事会成员会向我提问,我要把这整个项目的情况告诉他们才算完成任务,不然就是工作没做到位'。"

这位工程师的个人信条就是:"我要做的事情,不会让任何人操心。任何事情,只有做到100%才是合格,99%分都是不合格。60%就是次品、半次品。"

当今全美国大的戏剧院不少出自密斯·凡·德罗之手。他在设计每个剧院时,都要精确测算每个座位与音响、舞台之间的距离以及因为距离差异而导致不同的听觉、视觉感受,计算出哪些座位可以获得欣赏歌剧的最佳音响效果,哪些座位最适合欣赏交响乐,不同位置的座位需要做哪些调整方可达到欣赏芭蕾舞的最佳视觉效果。更重要的是,他在设计剧院时要一个座位一个座位地去亲自测试和敲打,根据每个座位的位置测定其合适的摆放方向、大小、倾斜度、螺丝钉的位置,等等。

他这样细致周到地考虑的结果,使他成为一个伟大的建筑师。和密斯·凡·德罗一样,美国著名的建筑大师莱特在做每一件事时,都将细微之处做到完美。

在他毕生许多作品中,最杰出的也许要算坐落于日本东京抗震的帝国饭店。这座建筑物使他名列当代世界一流建筑师之林。1916 年日本小仓公爵率领了一批随员代表日本政府前往美国礼聘莱特建一座不畏地震的建筑。莱特随团赴日,将各种问题实地考察了一番。他发现日本的地震是继剧震而来的波状运动,于是断定许多建筑物之所以倒塌,实际上是因为地基过深、地基过厚。过深、过厚的地基会随着地壳移动,建筑物势必坍塌下来。

他决定将地基筑得很浅,使之浮在泥海上面,从而使地震无从肆虐。

莱特决定尽量利用那层深仅 2.6 米的土壤。他所设计的地基系由许多水泥柱组成,柱子穿透土壤栖息在泥海上面,可是这种地基究竟能不能支持偌大一座建筑物呢?莱特费了一整年工夫在地面遍击洞孔从事实验。他将长度 2.6 米、直径 26 厘米的竹竿插进土里随即很快抽出来以防地下水冒出,然后注入水泥,他在这种水泥柱上压以铸铁,测验它能负担的重量。结果成绩至为惊人,根据帝国饭店的预计总重量,他算出了地基所需的水泥柱数,在各种数据准确的情况下,大厦动工了。筑墙所用的砖也经过他特别设计,厚度较常加倍。1920 年帝国饭店正式完工,莱特返美。

3 年之后一次举世震骇的大地震突袭东京与横滨。当时莱特正在洛杉矶建造一批水泥住宅,闻讯坐卧不宁,等待着关于帝国饭店的消息。

一连数日毫无消息,到了某天凌晨 3 点,莱特的寓所里电话铃声狂鸣。"喂! 你是莱特吗?"听筒内传来一阵令人沮丧的声音,"我是洛杉矶检验报的记者。我们接到消息说帝国饭店已被地震毁了。"数秒钟后,莱特坚定地回答道:"你若把这消息发出去,包你会声明更正。"

10 天之后,小仓公爵拍来了一通电报:"帝国饭店安然无恙,从此成为阁下天才纪念品。"帝国饭店在整个灾区中竟是唯一未受损害的房屋,成了万千灾民的避难所。

小仓公爵的贺电顷刻间传遍全球,莱特成了妇孺皆知的名流。

魔力悄悄话

要想把事情做到最好,领导者心目中必须有一个很高的标准,不能是一般的标准。在决定事情之前,要进行周密的调查论证,广泛征求意见,尽量把可能发生的情况考虑进去,以尽可能避免出现 1% 的漏洞,直至达到预期效果。

执行中留心"小善"和"小恶"

《三国志·蜀书·先主传》中讲："勿以恶小而为之，勿以善小而不为"，这句话同样适用于现代职场。职场中，同样要留心"小恶"与"小善"这些细节，也许一个小小的爱心就会改变你的命运，让你一举成名；也许一点小小的私心和贪欲就会毁掉你的大好前程，在善与恶之间，在成与败之间，就在于如何正确地选择和把握。

《资治通鉴》里有这样一个故事：一天，子思对卫侯说起苟变。子思说："苟变的才能是可以担当大将的。"卫侯说："我知道其才可担大将，然而他在担任地方官时，曾向老百姓索要过两个鸡蛋，因此我不用他为将。"

可见一个人品质的好坏，往往从细小的地方表现出来，而这影响到一个人事业的成败。在此，苟变因两个鸡蛋错失大将的机遇就是一个例证。

对于公司的每个员工来说，一定要牢记"勿以恶小而为之"的教训，不要小看一张纸或一支笔，它所造成的伤害，会比你想象的要严重得多。许多人在职场打拼多年，没有取得成功，就是败在自己不良的职业操守上。

有才华的人往往都会恃才傲物，故作天马行空状，无拘无束。其实，这样做只会给自己设置障碍，也会让别人由此怀疑你的人品、为人等。

曾经有一位毕业生，大学成绩非常好，很希望到某家世界500强公司去工作，事实上他也顺利地通过了笔试和面试，在一起参加应聘的30位同学中取得综合第一的成绩，而那家公司会聘用4个人，他正准备第二天去签约时，却突然被告之那个公司决定不聘用他了。那位毕业生暴跳如雷，又不知道是什么原因，后来才打听到，原来在面试完毕大家休息时，面试官无意中问他其他前3位同学的情况，他就大谈特谈别人的缺点，抨击这个不行、那个不好，尤其是综合成绩第二的那位同学睡觉爱打呼噜，是一双汗脚，怎么洗都有臭味，听说大学女朋友和他分手就是因为有次在操场闻到了他的汗脚味的事都谈出来了。当时那位面试官只是随意问他一些情况，但是没有想到从他嘴里没有听到别人的一句长处，反而连别人的私生活都被他拿来做嘲笑的卖点,所以这个500强公司的负责人认为他可能是个爱无事生非的人,如果聘用了他到公司来,很有可能与别的同事相处不好,斤斤计较别人的缺点,"这样的人才,不要也罢。"那位负责人说,不要搞得公司没有了团结和和谐的氛围。

记得有位诗人说过:"如果把爱拿去,地球就变成了一座坟墓了。"就像故事中的那位毕业生一样,只图口舌之快,信口抨击他人,结果只是自掘失败的坟墓。

魔力悄悄话

一个人要想在世间立足,成就一番事业的话,一定要注意培养自己"爱"的美德。不要忽视生活中的一些细微的言谈举止,它们总是留有你人格与修养的印记。

细节磨炼你的执行力

一位日本少女，非常向往记者的工作。大学毕业后，她去一家新闻单位，被录取了。但是，由于没有记者的空缺，经理叫她暂时做一些为同事泡茶的工作。虽然她对这种安排非常失望，不过想到将来有做记者的机会，于是就静下心来，每天为同事泡茶倒茶。

3 个月过去后，她开始沉不住气了，心里总是抱怨自己这份不喜欢的工作，她泡出来的茶，味道也一天不如一天，但她并未察觉。

有一天，她泡好茶端给经理，经理喝了一口，就大骂起来："这茶是怎么泡的，难喝得要命！亏你还是大学毕业呢，连泡杯茶都不会！"她气坏了，几乎哭起来。她正准备当场辞职，突然来了重要访客，必须好好招待。她想，反正要离开了，就好好泡一壶茶吧！于是，她把心里的不愉快暂时抛开，认真地泡好茶，把茶端进去。当她转身刚要离开时，突然听到客人由衷地赞叹道："哇！这茶泡得真好！"那位骂她的经理也喝了一口，情不自禁地夸赞道："这壶茶特别好喝！"

她呆住了！突然发现，只是小小的一杯茶而已，竟然造成那么大的差异，或挨骂，或被赞美，截然不同。这茶里显然有很深奥的学问，值得好好研究。从此以后，她不但对水温、茶叶、茶量都悉心琢磨，就连同事的喜好、心情，也细心地体会，甚至连自己泡茶时的心量、状态会带来的结果，也了如指掌。很快，她成为公司的灵魂人物。几年后，她就被升为总经理。

有人说，茶道是人道，同时也是做事之道。悟透了茶道，就一定能透懂工作之道！因为茶道中对每一个细节的关注和严格要求，实际上已融入了茶文化的精神，在这一点上，和做好小事所彰显出来的精神，达到了高度的一致！

就泡茶这件看似简单不过的事情，却需要对水温、茶叶、茶量，甚至饮茶者的心情、喜好都要悉心琢磨，细心体会，就连自己泡茶时的心量和状态这样的因素也极有讲究，实在值得我们去思考。

在中国的茶文化中,泡一壶茶,的确已不是一种操作过程,其中包含了太多文化的元素。品茶,和品位、性情、境界、禅意、悟道等这样的字眼紧密相连。因为赋予了茶太多灵动和有生命的成分,就必然要求在泡茶的过程中,每个细节都要做到位。

云南大理白族招待客人时泡制的"三道茶"及潮汕地区独具特色的"功夫茶"在细节的严格执行上就极具代表性。其中,"功夫茶"在泡茶方式上极为讲究,因为泡制起来需要一定的功夫,功夫茶才因此得名。功夫茶,是融精神、礼仪、沏泡技艺、巡茶艺术、评品质量为一体的茶道形式。对茶具、泡工、茶叶、水温、饮用程式等每个细节的要求几乎达到了苛刻的程度。光泡制工艺,就有后火、虾须水(刚开未开之水)、捅茶、装茶、烫杯、热罐(壶)、高冲、低斟、盖沫(以壶盖将浮在上面的泡沫抹去)、淋顶十法。每一个细节都要操作顺畅,从不得过且过……

茶道追求一丝不苟的精神,工作更应如此。

魔力悄悄话

在日常工作中,应考虑每一个细微之处,把每一件小事做好,方能做到有板有眼。

第八章 勤奋刻苦，主动执行

　　勤奋是成功的基石．勤奋是通往成功大门的途径。但凡事业有成者，无不与其勤奋努力息息相关。在中国有"头悬梁，锥刺股"的苏秦，有"闻鸡起舞"的祖逖，有忍饥受冻却求学不辍的宋濂。这都是古代勤奋刻苦之典范。在现代，有弃医从文，振聋发聩的鲁迅，曾有人称他是"天才"，他却笑道："哪里有什么天才，我是把别人用来喝咖啡的时间用来写作的！"可见，他所取得的伟大成就不正是勤奋刻苦的结晶吗？所以，爱迪生说："天才是百分之一的灵感，加百分之九十九的汗水。"就是强调勤奋的重要性。

成功来自比别人更早地执行

曾有人这样形容现代职业人的竞争环境："每一条跑道上都挤满了参赛选手，每一个行业都挤满了竞争对手。"在人满为患的跑道上和拥挤的行业竞争通道中，怎样才能成为一匹黑马，成为令人羡慕的领跑者呢？最简捷的方法就是比别人早一点做好准备。

有哲人说，你永远不可能比别人多长一个脑袋，但预先准备，却能使你变得不可替代。

在一个企业中成为一个不可替代、不可或缺的人，是每个人都想做到的。有人说过："成功等于准备加上适时的机遇。"那么，当这种机遇到来时，你能不能抓紧它，这就要看你有没有完全准备好。

安娜在一家服装公司做销售工作，业绩一直不错。可是公司为了开拓第三市场，决定减少服装的生产量，裁减员工，以达到压缩成本的目的，资金被转向了第三产业——房地产业。

现在，所有员工都面临着被裁减的危险，大家都人人自危。销售岗位要裁去一半人员，这不能不让所有销售人员心里打起鼓来。大家平常工作都差不了太多，谁走谁不走呢？

面对这种情况，安娜却镇定自若，似乎并没有太在意。最后的结果是销售部人员走了一半，副主管也被辞退了，而安娜升任了此职。

原来，安娜在平常的工作中，就十分注意整理所有客户的资料，又利用业余的时间学习编程工作，为公司建立了一个庞大的数据库。这个数据库的建立为销售渠道的正规化提供了科学的依据，大大地提高了工作效率。早在一个月前，安娜就向主管拿出了这个数据库，得到了认可，正在等待讨论通过与实施。

升职后的安娜除了将销售方式正规化外，还积极联系境外的销售客户。当第一次与意大利出口贸易签单时，总经理发现安娜竟能用流利的意大利语来与客户交谈，不禁更加对她另眼相看。不久安娜理所当然地升为副经理,成为这家公司的骨干,在销售领域无人可以替代。

俗话说,"春耕莫等东方明,插秧莫等鸡开口",生活中丰衣足食,工作上一帆风顺的人都是比别人早走一步的人,然而提前做好准备的精神在现实中已经被人们忽视了。安娜的工作业绩一直不错,表面上看和大家没有什么区别,但实际上,安娜已经在平时一点一滴地做好了许多能够增加自己价值的准备。无论是编程还是客户的积累,以及意大利语的学习,都是其中的一部分。这并不能证明安娜的智商比其他人高多少,但是却证明了安娜重视准备的一种态度。正是因为具有了这种态度,安娜才成为了这家公司最不可替代的人。

想成为企业中不可替代的人吗? 那么,提前做好准备吧!

魔力悄悄话

哲学家说:世界上有两种人,一种人,虚度年华;另一种人,过有意义的生活。在第一种人的眼里,生活就是一场睡眠;在第二种人眼里,生活就是建立功绩……人就在完成这个功绩中享受到自己的幸福。

天道酬勤，多执行一点更早见彩虹

曾经有首歌唱道："……不经历风雨，怎么见彩虹，没有人能够随随便便成功……"平淡的语言，蕴含深刻的哲理，令人荡气回肠，回味无穷。的确，没有人能够随随便便成功，除非他勤奋工作、努力奋斗、不懈追求。

勤奋工作是通向成功殿堂的桥，不愿付出努力，不想付出努力，甚至付出得不够，成功是绝不会降临到你的身旁。

古人云："懦者能奋，与勇者同力也。"不要担心，不要畏惧，请相信：只要能够奋发起来，每个人都将会迸发出巨大的潜力，把自己推向成功的彼岸。

勤奋是敬业的基石，是把握机遇走出一条完美人生之路的跳板。只有用勤奋努力的可贵精神来激励自己，积极钻研，不断进取，奋发向上，才能成就梦想。

现在，社会上到处是一些看似就要成功的人，而最后，他们并没有成为真正的时代英雄。这是什么原因呢？他们没有付出与成功成比例的代价，没有足够的勤奋努力。他们希望登上辉煌的巅峰，但却没有勇气越过那些拥有艰难险阻的梯级；他们渴望获得胜利，但却没有勇气参加战斗；他们希望事事一帆风顺，但却不愿意遭遇任何阻力。

杰恩是美国众多推销员中的一个，为了做好工作，他每天起得很早，花3个小时到达他要去的地方，尽管困难重重，他依旧在勤奋地努力着。工作是他的一切，他以此为生，也以此来体现自己生命的价值。

要知道，杰恩比一般人艰难得多。由于出生时，大夫不慎用镊子夹碎了他大脑的一部分，致使他的大脑神经系统瘫痪，影响到说话、行走和对肢体的控制。杰恩长大后，人们都认为他的神志会存在严重的缺陷和障碍，州福利机关将他定为"不适于雇用的人"，专家也认为他不适合去工作。杰恩应该感谢他的母亲，是她一直在鼓励他做一些力所能及的事情，经常对他说："你能行，你能够工作，你能够自立！"在母亲的鼓励下，杰恩从未将自己视为残疾人，开始从事推销工作。

起初，杰恩去福勒刷子公司应聘，这家公司说他根本不适合工作，拒绝了他，接下来的几家公司也采取同样的方式拒绝了他。但杰恩没有放弃，最后怀特金斯公司很不情愿地接纳了他，让他去根本无人愿意去的波特兰、奥根地区开展业务。虽然条件很苛刻，但毕竟有工作了，杰恩当即答应了。

第一次上门推销时，杰恩犹豫了 4 次才鼓起勇气按响门铃，可这人家并没有买他的商品，第二家、第三家也如此……但他并没有放弃，以对事业的必胜信心作为精神支柱，即使顾客对产品毫无兴趣，甚至嘲笑他，他也不沮丧。最终，他不仅取得了成绩，而且成绩由小到大，节节攀升。

杰恩每天花在工作和路上的时间共 14 个小时，等他晚上回到家时，已经筋疲力尽了。他的关节会痛，偏头痛也经常折磨着他。每隔几周，他都要打印一份顾客订货清单，可他只有一只手是管用的，在别人看来非常简单的工作，他却要花去 10 个小时。

由于心中对顾客、对工作、对事业、对自己的必胜信心支撑着他，他什么苦都能承受。他负责的地区越来越多的门被他敲开，且都乐意购买他的商品，业绩自然也不断攀升。在他工作了 24 年后，他已经成为销售技巧最好的推销员。

不怕苦，不怕累，勤奋工作，努力奋斗，不懈追求，必定会迈向成功。比尔·杰恩最终成为怀特金斯公司的形象代言人并获得特别奖励，就是这句话的最好印证。

魔力悄悄话

勤奋努力是人生和事业的必经之路，没有人能够随随便便成功，只有实干的人才是"真正英雄"！

勤奋是形成良好执行力的前提

一位哲人曾经说过："世界上能登上金字塔顶的生物只有两种：一种是鹰，一种是蜗牛。不管是天资奇佳的鹰，还是资质平庸的蜗牛，能登上塔尖，极目四望，俯视万里，都离不开两个字——勤奋。"

一个人的发展与成长，天赋、环境、机遇、学识等外部因素固然重要，但重要的是自身的勤奋与努力。没有自身的勤奋，就算是天资奇佳的雄鹰也只能空振双翅；有了勤奋的精神，就算是行动迟缓的蜗牛也能雄踞塔顶，观千山暮雪，渺万里层云。成功不单纯依靠能力和智慧，更要靠每一个人自身孜孜不倦地勤奋工作。

有一个偏远山区的小姑娘到城市打工，由于她没有什么特殊技能，于是选择了餐馆服务员这个职业。在常人看来，这是一个不需要什么技能的职业，只要招待好客人就可以了。许多人已经从事这个职业多年了，但很少有人会认真投入到这个工作中去，因为这看起来实在没有什么需要投入的。

这个小姑娘恰恰相反，她一开始就表现出了极大的热情，并且彻底将自己投入到工作之中。

她不辞劳苦，每天忙到很晚，而且无论老板在与不在，她始终如一地忙碌着。一段时间以后，她不但能熟悉常来的客人，而且掌握了他们的口味，只要客人光顾，她总是千方百计地使他们高兴而来，满意而去。她不但赢得了顾客的交口称赞，也为饭店增加了收益。她总是能够使顾客多点一两道菜，并且在别的服务员只照顾一桌客人的时候，她却能够独自招待几桌的客人。

就在老板逐渐认识到其才能，准备提拔她做店内主管的时候，她却婉言谢绝了这个任命。原来，一位投资餐饮业的顾客看中了她的才干，准备投资与她合作，资金完全由对方投入，她负责管理和员工培训，并且郑重承诺：她将获得新店25％的股份。

现在，她已经成为一家大型餐饮企业的老板。

　　勤奋,终于让山村姑娘成为城市里的老板,所以身为员工任何时候都应记住,老板不在绝不能成为你偷懒或放松自己的理由。恰恰相反,你应该将之视为一个机会,一次考验,在严格自律的同时,锻炼一下自我鞭策的能力,让自己有一个积极的进步。

　　积极的进步是不需要老板监督的。作为自身发展的必要条件,勤奋对每个员工的职业生涯都具有重要的意义,这个意义正随着越来越多的公司致力于建设学习型组织而日益凸显。勤奋是保持知识更新、适应时代发展的必然选择,不是一朝一夕的事情,因此,必须通过持续的努力追求进步,追求卓越。我们要使勤奋成为一种习惯,如一日三餐般不可或缺,只有这样,才能成为一个优秀的员工,一个前途光明的员工。

　　成才的两种途径:一是专门的学习,这要花费自己很多金钱和时间;二是公司为你提供的学习机会,包括在职培训,这是不用付费的"搭便车",是最好的机会。而究竟谁能够得到这种"搭便车"的机遇,关键在于谁更用心,谁更勤奋。

　　俗话说:"师父领进门,修行在个人。"无论是公司的培训还是员工自己有意识地汲取知识,都要通过严格的自律和勤奋的努力来实现,与老板无关。

　　古语说:"士别三日,当刮目相看。"一个有前途的员工不会趁老板不在的时候松懈,相反他们还会把老板不在当作提高自我的有利契机。

魔力悄悄话

　　无论你现在是雄鹰还是蜗牛,要想登上塔顶,成就辉煌,都要记住一句话:老板不在,勤奋不减!

主动汇报你的执行进展

　　小崔是本田公司中国市场部的一名策划，向来工作努力，策划能力也强，上司也很器重他这样的人才。一次上司交给小崔一个项目，该项目大概要一个月左右才能完成，因为上头很重视，小崔不敢怠慢，接到后便埋头苦干了起来。

　　这期间上司找小崔了解情况就找了两次，不巧在工作快接近尾声时上司要出差，于是匆忙叮嘱两句就启程了。

　　小崔的工作进展很顺利，但中间有一处拿不准，他本来想打个电话给上司，但一想反正上司三两天就回来了，现在问上司他又不在身边，看不到样本也就不好说什么，就在焦急中等待上司的归来。谁知，在他踌躇之中，上司的电话来了："小崔啊，那个项目现在完了吧？……什么？还没完，那你怎么不早和我说一下情况呢？……行了，行了，别解释了，那交给小高做吧。"上司挂断了电话，小崔觉得满腹委屈，陷入沉思中。

　　在工作中，不管工作成效好坏，都不要在老板问起时才汇报，这样的态度很糟糕。工作汇报应该是随时进行的，尤其是发生变动和异常情况时更应及时汇报，这是员工的天职，也是常识。

　　有些人总是要在老板问起时才会汇报，这样显然是不行的。作为一名下属，要尽量在老板提出问题之前主动汇报，即便是要花费很长时间才能完成的工作，也应该在中途提出报告，让老板了解工作是不是依照计划进行了，如果不是，需要做哪些方面的调整。这样一来，即便工作无法依原计划达到目标，让老板知道经过原委，才不至于有所责难。

　　即使老板只出差两三天，在中途也应该通过电话向老板汇报工作进行的状况。这样的人自然容易让老板放心，能得到老板的重用。

　　汇报的速度越快越好，不管是好消息还是坏消息，都要及时汇报。如果错过了时机，所有的汇报就会失去价值。汇报一迟，老板的判断也跟着迟了，这样一来一定会影响公司的业务和你的业绩。

汇报对接受批示、任务的人来说,是一种应尽的义务。汇报的好、坏,也会使一个员工的评价受到影响。

无论从哪一方面说,不及时汇报的人都不是老板所喜欢和器重的人,这样的员工也是难以取得成功的人。

为何要大家及时、准确汇报工作,其实最关键的问题是能够及时得到老板的指点与支持,这样更利于自己工作的展开,否则一个再能干的员工,只会埋头工作,而不问成果,怎能让人放心呢?想成为老板要找的那个人,及时主动汇报工作是一个不得不重视的工作细节。

魔力悄悄话

大多数的人都喜欢汇报好消息,对于坏消息就迟迟不敢汇报,特别是失败的原因是由自己引起的,那就更不敢讲出来了。其实遇到这种情况时,绝对不可以隐瞒,如果一拖再拖也许会真的一发不可收拾,导致最严重的后果。所以,对于不好的消息,更是越早汇报越好,这样老板才能及时想出对策应付。

用心执行好每件事

做一名合格的员工要时常怀着一颗感恩的心去工作！只有这样你才能具有责任感、团队精神，你才能积极主动、富有创造力，只有这样你才能懂得主动自发。

在工作过程中，最优秀的执行者，都是主动自发的人，他们无一不确信自己能够出色地完成任务。

主动自发的人的个人价值和自尊是发自内心的，他们不是凭一时冲动做事，也不是只为了得到称赞，他们永远主动地不断地追求完美。

无论你现在在什么位置上，只要你能用心去做每件事，你就能实现自己的价值。即使日常生活中再平凡不过的事，也值得我们全神贯注地去做。行为本身并不能说明自身的性质，而是取决于我们行动时的精神状态。工作是否枯燥乏味，通常由我们工作时的心境决定。

发生在日本的一家轿车公司的故事，再一次向我们证明了用心才能做好每件事的真义。

随着汽车工业的日臻成熟，高夫所在公司扩大了与日本一家生产高档轿车公司的合作。他此行的目的就是与日方谈判，为他们提供轿车及附件。如果谈得顺利，公司将获得巨大的经济效益。

日本对这次谈判显得很慎重，派出年轻有为、处事谨慎的副总裁梅川前来迎接。豪华气派的迎宾车就停在机场的大厅外。高夫办完通关手续，与梅川一行见面。梅川亲自为高夫打开车门，示意请他入座。

高夫刚一落座，便随手"砰"地关上车门，声音极响，梅川甚至看见整个车身都微微颤了一下。梅川不禁愣了一下："是旅途的劳累使高先生情绪不佳，还是繁复的通关手续让他心烦？他可是株式会社的贵客，得更加小心周到地接待才行。"

一路上，梅川一行显得十分热情友好，甚至到了殷勤的程度。迎宾车停在株式会社:大厦前的停车坪上，梅川快速下车，要为高夫开车门。但高夫

　　却已打开车门下车,又随手"砰"地关上车门。这一次,比在机场上车时关得还要响,似乎用的力还要重得多。梅川又愣了一下。

　　日方安排的洽谈前的考察十分紧张,株式会社董事长兼总裁铃木先生还亲自接见,令高夫感到非常满意。会谈安排在第三天。在接下来的两天里,梅川极尽地主之谊,全程陪同高夫游览东京的名胜古迹和繁华街景,参观公司的生产基地。高夫显得兴致很高,可回到下榻酒店时,他关上车门时又是重重的"砰"的一下。

　　梅川不禁皱了一下眉。沉吟了片刻,他终于边向高夫鞠躬,边小心地问道:"高先生,敝社的安排没什么不妥吧? 如果有,还望先生明示。"高夫显然没什么不满意的:"梅川先生把什么都考虑得非常周到细致,谢谢。"说这话时,高夫是满脸的真诚,梅川却显得若有所思……

　　第三天到了,接高夫的车停在株式会社大楼前,他下车后,又是一个重重的"砰"。梅川暗暗地咬了咬牙,暗中向手下的人吩咐几句后,丢下高夫,径直向董事长办公室走去。高夫正感到有些莫名其妙,梅川的手下客气地将他请到了休息室,说:"梅川课长说是有紧急事要与董事长谈,请高夫先生稍等片刻。"

　　董事长办公室里,梅川语气严肃地对铃木说:"董事长先生,我建议取消与这家公司的合作谈判! 至少应该推迟。"

　　铃木不解地问:"为什么? 约定的谈判时间就要到了,这样随意取消,没有诚信吧? 再说,我们也没有推迟或取消谈判的理由啊。"梅川坚决地说:"我对这家公司缺乏信心,看来我们株式会社前不久对该公司的考察走了过场。"铃木是很赏识这个精干务实的年轻人的,听他这么说,便问:"何以见得?"

　　梅川说:"这几天我一直陪着这个高总工程师。我发现他多次重重地关上车门,开始我还以为是他在发什么脾气呢,后来才发现,这是他的习惯,这说明他关车门一直如此。他是这家知名汽车公司的高层人员,平时坐的肯定是他们公司生产的好车。他重重关上车门习惯的养成,是因为他们生产的轿车车门用上一段时间后就易出现质量问题,不容易关牢。好车尚且如此,一般的车辆就可想而知了……我们把轿车和附件给他们生产,成本也许会降低很多,但这不等于在砸我们自己的牌子吗? 请董事长三思……"

　　一个关车门的动作,可谓微不足道,相信无论是在生活中还是工作中都不会有人更多关注它,但恰恰是这种别人眼里的微不足道,被梅川抓到了,并通过进一步的细致分析，揭出了这一习惯性动作背后可能隐藏的深层问题，从而帮助公司避免了可能遭遇的重大损失。

　　身为员工，我们必须把梅川当作楷模，主动自发用心做好每件事。用心做事，就是要让自己比过去做得更好，比别人做得更好。

魔力悄悄话

　　每个人所做的工作，都是由许多琐碎的事情组成的，但不能因此而对工作中的小事敷衍应付或轻视懈怠。记住：用心做好每件事。

不要害怕做多了

戴尔公司的一批电脑因为有问题而被紧急召回，公司号召全体员工协助运输部门迅速将这些电脑转入库房，大家都参加到搬运电脑的行动中，唯有财务部的比克没有动，同事问他为什么不去，他说："我来公司是做财务工作的，不是来当搬运工的。"恰巧这句话被从身边经过的主管听到，当时主管只是意味深长地说："比克，看来我们公司没有让你充分施展才能。"第二天，比克就收到了公司的解雇通知书。

一个优秀员工的成功，除了尽心尽力履行自己的工作职责以外，还要多做一些岗位职责之外的工作。当然，分外的工作可能会让你的工作变得很紧张，但却能督促你保持旺盛的斗志，而且还可以在工作中不断地锻炼自己，充实自己。最重要的是，多参与一些其他领域的工作，也会让你拥有更多的表演舞台，从而充分发挥自己的才华。一方面可能因此找到自己更具竞争力的地方，另一方面也会引起老板的注意。

卡丽是一家世界 500 强咨询公司的普通助理，她每天的工作就是整理、撰写、打印一些材料。她的工作单调而乏味，很多人都这么认为。但卡丽不觉得，她觉得自己的工作很好。卡丽说："检验工作的唯一标准就是你做得好不好，不是别的。"

卡丽整天做着这些工作，做久了，卡丽发现公司的文件中存在着很多问题，甚至公司的一些经营运作方面也存在着问题。

于是，卡丽除了每天必做的工作之外，她还细心地搜集一些资料，甚至是过期的资料，她把这些资料整理分类，然后进行分析，写出建议。为此，她还查询了很多有关经营方面的书籍。

最后，她把打印好的分析结果和有关证明资料一并交给了老板。老板起初并没有在意，一次偶然的机会，老板读到了卡丽的这份建议。这让老板非常吃惊，这个年轻的秘书，居然有这样缜密的心思，而且她的分析井井有条，细致入微。后来，卡丽的建议中很多条都被采纳了。

老板很欣慰，他觉得有这样的员工是他的骄傲。

当然，卡丽也被老板委以重任。卡丽觉得没必要这样，因为，她觉得她只比正常的工作多做了一点点。但是，老板却觉得她为公司做了很多很多。

作为员工，你能否像卡丽一样，每天留心一下自己分外的工作呢？其实这就是为职场人士所熟知的"多一盎司定律"。它是由著名投资专家约翰·坦普尔顿通过大量的观察研究得出的一条工作原理。他指出，取得突出成就的人与取得中等成就的人几乎做了同样多的工作，他们所做出的努力差别很小，只是"多一盎司"，但其结果，所取得的成就及成就的实质内容方面，却总是有着天壤之别。

德尼斯最早开始在杜兰特的公司工作时，只是一个很普通的职员，但现在他却成为杜兰特先生最得力的助手，成为一家分公司的总裁。他如此快速地得到升迁就是因为他总是设法使自己多做一点工作。

"我刚来杜兰特公司工作时，我发现，每天大家都已下班后，杜兰特依旧会留在公司工作到很晚，于是我决定自己也留在公司里。是的，谁也没有要求我这样做，但我觉得我应该留下来，在杜兰特先生需要时给他提供帮助。"

"杜兰特先生在工作时经常找文件和打印材料，最开始他都是亲自做这些工作。后来他发现我时刻在等待他的吩咐，于是他让我代替他去做这些工作……"

杜兰特之所以主动让德尼斯为他工作，就是因为德尼斯比别人多留在办公室一会儿，使杜兰特随时可以见到他。尽管德尼斯并没有多获得一分钱的报酬，但他获得了更多的机会，让老板认识了他的能力，从而也为自己的晋升创造了条件。

对于分外的工作，也许本不该我们做，而我们做了，这就是机会。不但如此，还要学会接受老板交给我们的一些"意外"的工作，并出色地完成。这样可使自己在老板面前升值，还会使自己变成老板不可取代的帮手。

其实我们有上百个机会去为公司多做一点事，然而现实中很少有人去主动寻找这样的机会。但基于以下两点，我们也应该这么去做。

首先是当我们有了"每天为公司多做点事"的习惯时，我们已经比周围的人具有了一定的优势，无论在哪一个公司，都会有我们的一席之地。

其次是我们要想使自己的能力得到提升，多做一点事，是最好的办法。如果我们在做分内事的同时为公司多做一点，就能对公司的工作了解更多，学习到更多工作技能。

执行力——绝知此事要躬行

我们在工作上，有时候不仅要做好分内的事情，也要积极主动地承担一些分外的工作。这样长期下来，你不仅把自己分内的工作做得好，还获得了一些额外的能力。一个毕业不久的大学生说得好："要在关键时刻脱颖而出，就要平时比别人多走几步路。"

魔力悄悄话

我们在工作中，不要斤斤计较，应该比别人多付出一些。多付出一些并不难，难就难在出于主动和不求回报。只要你主动付出，那么或许现在，或许将来，你一定会有回报。有时候，一个人的一生中所能得到的最佳奖赏，往往是由于他肯多付出一些。

良好的执行力在于追求完美

在第二次世界大战中期，美国空军和降落伞制造商之间发生了分歧，因为降落伞的安全性能不够。事实上，通过努力，降落伞的合格率已经提高到99.9%了，但军方要求达到100%，因为如果只达到99.9%，就意味着每1000个跳伞士兵中会有一个因为降落伞的质量问题而送命。但是，降落伞商则认为提高到99.9%就够好的了，世界上没有绝对的完美，根本不可能达到100%的合格率。军方在交涉不成功后，改变了质量检查办法。他们从厂商前一周交货的降落伞中随机挑出一个，让厂商负责人装备上身后，亲自从飞机上往下跳。这时，厂商才意识到100%合格率的重要性。奇迹很快出现了：降落伞的合格率一下子达到了100%。在通常情况下，99.9%的合格率已经够好的了。但如此"够好"，却意味着每1000个士兵中，就可能有一个人不是死于敌人的枪炮，而是死于降落伞的质量问题。

事物永远没有"足够好"的时候。这种不知足的心态与健康观念的知足常乐是不相矛盾的，我们这里没有"足够好"，只是告诫人们小富难久安的道理。

满足现状的员工在接受任务时，习惯说"要求太高了"！即使是力所能及的事情，他们也可能这么抱怨，他们希望要求越低越好。

当任务完成得不理想时，他们又习惯说："已经做得够好的了。"

工作上的追求应该是永无止境的，习惯于说"已经做得够好的了"的人，他的职业前景永远不会很乐观，因为他们抱怨，第一，会让老板认为他是个不求上进的人；第二，老板会认为你是一个缺乏责任心的人；第三，老板一旦发现你工作中有问题，他就会觉得你在敷衍他，甚至欺骗他。即使自己真的觉得做得不错了，也不要对老板说做得够好的了。与其说"我已经做得够好的了"，不如说"我做得还不够到位"。到位是一种境界，而不够到位就是接近完美。

无论客户、上司还是老板，并没有一个人是真正存心挑剔，他们提出的要求都是迫于各自不同的需要。客户担心产品出问题；上司怕工作质量影响业绩；老板则更是迫于市场的巨大压力才严格要求，因为他从来都无法对市场说："我已经做得够好的了，你降低要求吧！"

因为，职场是无情的，有时可能只比竞争对手稍逊一点点，结果就被淘汰出局。

所以，永远别说"已经做得够好了"，因为人生本无"最好"，更何况职场之中。永远记住，再主动一点点，你将会做得更出色！

魔力悄悄话

一个人成功与否在于他是否做什么都力求最好。成功者无论从事什么工作，都不会轻率疏忽。满足现状。相反，他会在工作中以最高的规格要求自己，能做到最好，就必须做到最好。

第九章 谋定而后动

人们常说，有四种抉择是无可奈何的：饥不择食，寒不择衣，慌不择路，贫不择妻。饥不择食常用来形容急于解决问题，顾不得有所选择。人处在困境中时，往往是最没有主意的，也是其意志最薄弱的时候，只要对自己摆脱困境有帮助的事都会毫不犹豫地去做。犹如一个溺水的人，那怕碰上一根稻草，也会当作有很大的希望。结果，常常会陷入更大的困境。因此，人在抉择之时，须从容决策，不可乱中出错。人还要未雨绸缪，不让自己落入很艰难的处境后再寻求摆脱的方法。

三思而后行

断然处事的风格,源自一个人良好的心态和气质;有利于人们始终保持富有激情和乐观向上的生存心态。人生在世,总要遇到许多亟待处理的事情,如简单从事,事情非办砸不可;如优柔寡断,没有主见,那又非误事不可。

三思而后行

人们常说,有四种抉择是无可奈何的:饥不择食,寒不择衣,慌不择路,贫不择妻。饥不择食常用来形容急于解决问题,顾不得有所选择。人处在困境中时,往往是最没有主意的,也是其意志最薄弱的时候,只要对自己摆脱困境有帮助的事都会毫不犹豫地去做。犹如一个溺水的人,哪怕碰上一根稻草,也会当作有很大的希望。结果,常常会陷入更大的困境。因此,人在抉择之时,须从容决策,不可乱中出错。人还要未雨绸缪,不让自己落入很艰难的处境后再寻求摆脱的方法。当然,谁也不敢说自己不会遇上这样的境况,但是有一点,自己却可以做到的,那就是越是处于这样的境地,越要保持高度的沉着冷静,三思后行。这当然是很难了。

人间有很多道理看上去颇为矛盾,比如一会告诉你"三思后行",一会又告诉你"果敢善断"。你就迷糊了,到底听谁的呢? 我是想好了再决定,还是快点决定好? 到底想多长时间算是"三思"了,过了哪个时间段就算是"当断不断"呢?

其实中国人既不是关注"三思后行",也不是关注"当断即断",中国人关注的是"火候。"就像泡茶一样,茶泡得好不好,对于一般人来说,就是要求水和茶叶是否为上品。但是对于高手来说,茶好不好在于掌握时机和火候。处事斩然,最重要的也是掌握这个火候,整个中国文化中最核心的精华"中庸"也是个火候问题。

切忌优柔寡断

现实生活中机遇和挑战并存,人们会遇到许多必须立即做出决断的人生岔路。当机立断就能赢得主动权,否则就会延误战机。失去机会就会被既成事实牵着鼻子走。所以古人说，"当断不断，反受其乱"。韩非子更把君主的优柔寡断当作亡国的征兆，他说："缓心而无成，柔茹而寡断，好恶无决，而无所定立者，可亡也。"这并非危言耸听，任何负有领导和指挥职责的人，如果遇事优柔寡断，那将会造成种种不堪设想的后果。而捕捉机遇又是一种特别的能耐，这种果毅的精神并非人人都有。所以，努力地培养自己果敢坚毅的品性，是生存的一个必要条件。

长平战役结束后，秦国围困赵国都城邯郸。魏安厘王派大将晋鄙将军援救赵国，但魏王与晋鄙都畏惧秦军，所以魏军驻扎在魏赵接壤的荡阴，不敢前进。

魏王又派客将军辛垣衍秘密潜入邯郸城，通过平原君对赵王说："秦国之所以加紧围攻邯郸的原因，是因为先前它与齐王互相争强逞威称帝，后来齐王去掉帝号。因为齐国不称帝，所以秦国也取消了帝号。如今，齐国日渐衰弱，只有秦国能在诸侯之中称雄争霸。可见，秦国不是为了贪图邯郸之地，其真正目的是想要称帝。如果赵国真能派遣使者尊崇秦昭王为帝，秦国肯定会很高兴，这样秦兵就会自解邯郸之围。"平原君一直很犹豫，没有作出决定。

这个时候，鲁仲连恰巧到赵国游历。正碰上秦军围攻邯郸，他听说魏国想要让赵国尊崇秦王为帝，就去见平原君说："事情现在怎样了？"平原君回答说："我赵胜现在还敢谈战事？赵国的百万大军战败于长平，秦军现在又深入赵国，围困邯郸，没有什么办法可以使他们离去。魏王派客将军辛垣衍叫赵国尊秦为帝，现在辛将军就在邯郸，我还能说什么呢？"鲁仲连说："刚开始我一直以为您是诸侯国中圣明的贵公子，今天我才知道您并不贤明。魏国来的那位叫辛垣衍的客人在哪里？请让我为您当面去斥责他，让他回到魏国去。"平原君说："那我就把他叫来跟先生您见见面吧！"平原君于是就去见辛垣衍，说："齐国有位叫鲁仲连的先生，他现在正在这里，我把他介绍给您，让他来跟你见见面。"辛垣衍说："我已听说过鲁仲连先生，他是齐国的高尚贤明之士。而我辛垣衍，魏王的臣子，此次出使是担负有重要职责的，我不想见鲁仲连先生。"平原君说："我已经把你在这里的消息告诉他了。"辛垣衍不得已，答应去见鲁仲连。

结果鲁仲连不但驳倒了辛垣衍，也说服了平原君。使他拿定了主意抵抗。秦军也是欺软怕硬，见此状便不敢贸然进军；刚后来便撤回秦国去了。

平原君身系一国之重，在面对强大的泰国对周邻的兼并之中，瞻前顾后，不敢决断。赵国君臣当国家安危之时，患得患失，看不清方向，拿不准方寸，几乎铸成大错。全赖仲连一言以兴邦。

魔力悄悄话

一个人在人生中，无时无处不处于选择之中，每一次选择，都会给你带来或大或小的变化和未知的结果，人的悲喜祸福，除去天命因素，正是这种选择的结果。所以面临选择，切不可优柔寡断，犹豫不决，那比事情本身更糟！

掌握做事的方法

目标一样,方法不同,结果大相径庭。很多时候,用劲过大过猛,不仅不能迅速达到目标,反而对目标的实现,产生很强的干扰作用。你盯住了目标,却忽视了手段,手段和目标不配套,通常会欲速则不达。

有这样一则寓言,讲的是北风和南风比威力,看谁能把行人身上的大衣脱掉。北风鼓足了劲儿,寒风呼啸,结果行人把大衣裹得更紧了。北风累得气喘吁吁,还是没能把行人的大衣吹掉。接着南风开始徐徐吹动,顿时风和日丽,到处暖洋洋的,行人纷纷解开纽扣,脱掉大衣。

目标一样,方法不同,结果大相径庭。一个口碑还不错的直销产品,说它以一当十,环保健康,别的同类产品都是垃圾。你会因此就掏腰包吗?不,你可能本来想出手,越往下听,越想捂紧口袋。

奶粉罐上写着:"母乳是婴儿最好的食品,请尽量母乳喂养。"你会因此不买这个牌子的奶粉吗? 不,相反,你会对它印象更好。

没错,日常生活中,人们行为反应的结果,常常与预期目标完全相反,这就是"飞去来器效应"。飞去来器是澳洲土著使用的一种抛出去又重新回来的武器,把它往一个方向掷,结果它却飞向了相反的方向。抛出去的劲儿大了,飞回来时,杀伤力也不小。

有一位男士,拼的是事业。天津安家、北京工作的他,为了一份并不重要的报告,能从下午 5 点下班熬到半夜 12 点,办公室里只剩他一个人。平时更是钻研政策,研究理论,把自己搞得一开口就像专家,刹不住嘴。

可是,这么多年过去,别人都在自己的路子上怡然自得,并走纵深路线了,只有他,走得最辛苦,却还停留在原点。

有一个女孩,家境优越,事业有成,爱上的男人,无论各方面都输她不止一个档次。可是最后,还是男人把她甩了。

据说,为了怕男人有外心,她总是强调自己的强势,甚至拿各种方式压低对方。好像她是太后,别人就是一弄臣罩着你已经很不错了,还不乖乖顺从！这样的境遇,相信只要还是个男人,都会落荒而逃。

很多时候,用劲过大过猛,不仅不能迅速达到目标,反而对目标的实现,产生很强的干扰作用。你盯住了目标,却忽视了手段,手段和目标不配套,通常会欲速则不达。

当一种论调被反复宣传,近乎强迫地想要听众接受时,听众反而会越来越反感;当考试前,你拼命加班加点搞题海战术时,反而昏昏欲睡什么也记不住;其实每个人的内心,都有自己接受的纬度,也有自己的拒绝纬度。如果一种做法落到了你的接受纬度上,就算这种做法非常不合理,你也很容易就点头称是;如果不幸落到了你的拒绝纬度上,就算是为了你好,你也很容易严词拒绝。

所以,当你想要别人接受你的要求时,不妨把糟糕的一面也摆出来,让你的目的性别那么明显;当你想要一个人留在你身边时,千万别只从自己的角度考虑,站在对方的位置上你可能看得更清楚一些;当你想兜售一样东西的时候,千万别急于求成,有时故意冷淡反而会激起对方的兴致;当你想拼命做成一件事的时候,最好别野心勃勃,这样反而让人觉得你不踏实。

离那些事与愿违的傻事远一些吧。

魔力悄悄话

当你觉得一个东西好,并拼命介绍给别人时,别人反而觉得你居心叵测;当你因为爱一个人,爱之深所以责之切的时候,反而容易把他推得更远……

思路决定出路

有一个小故事说,有位秀才第三次进京赶考,住在一个经常住的店里。考试前两天,他做了三个梦,第一个梦是,梦到自己在墙上种白菜,第二个梦是,下雨天,他戴了斗笠还打伞,第三个梦是梦到跟心爱的表妹,脱去了衣服躺在一起,却是背靠着背。

秀才解不透这三个梦的寓意,第二天就赶紧去找算命的解梦。算命的一听,连拍大腿说:"你还是回家吧。你想想,高墙上种菜不是白费劲吗?戴斗笠打雨伞不是多此一举吗?跟表妹衣服都脱去了,躺在一张床上了,却背靠背,不是没戏吗?"

秀才一听,心灰意冷,回店收拾包袱准备回家。店老板非常奇怪,问:"不是明天才考试吗,今天你怎么就回乡了?"

秀才如此这般说了一番,店老板乐了:"哟,我也会解梦的。我倒觉得,你这次一定要留下来。你想想,墙上种菜不是高种吗?戴斗笠打伞不是说明你这次有备无患吗?跟你表妹脱掉了衣服,背靠背躺在床上,不是说明你翻身的时候就要到了吗?"

秀才一听,更有道理,于是精神振奋地参加考试,结果中了个探花。

在上面的这个小故事当中,算命者的思路是消极的思路,所以他就看到了消极的出路,而店老板的思路是积极的思路,所以他看到了积极的出路。秀才也不愧为秀才,他选择了积极的思路,所以高中了探花。

世间积极的人,就像太阳一样,照到哪里哪里都是亮,所以总有光明照亮他们的出路。而消极的人,他们会像月亮一样,初一和十五总是不一样,每当遇到初一的黑暗时光,他们就看不到光明的出路了。人生要有好的出路,最重要的就是要提升自身的素质,培养积极的心态,只要具有了积极的心态,也就拥有了积极的思路,自然也就有了令人振奋的出路。

有人曾经对人们在人生定位、心态、思维模式、职业发展、人际关系、爱情婚姻、做人做事、能力培养、生活习惯等方面存在的重要问题进行剖析,并提出了针对很强的"思路突破"谋求发展与成功的正确思路。由此引导大家,尤其是青年朋友们,在现实中突破思维方式,克服心理与思想障碍,确立良好的解决问题的思路,把握机遇,灵活机智地处理复杂和重要问题,从而开启成功的人生之门,谱写卓越的人生乐章。

其实生活工作,没有思路不行,组织管理,没有思路不行,企业经营,没有思路不行……在逆境和困境中,有思路就有出路;在顺境和坦途中,有思路才有更大的发展。明确思路对人们在人生定位、心态、思维模式、职业发展、人际关系、爱情婚姻、做人做事、能力培养、生活习惯等方面存在的重要问题进行剖析,提出解决这些问题的正确思路,以帮助广大读者突破思维定式,提高处理、解决问题的能力,克服困难,从而成就辉煌的事业和美好的人生。

魔力悄悄话

人生要有好的出路,最重要的就是要提升自身的素质,培养积极的心态,只要具有了积极的心态,也就拥有了积极的思路,自然也就有了令人振奋的出路。

突破你的思路

人们常说"人贵有自知之明",那就是既不高估自己也不低估自己。认识到这一点容易,但要做到这一点,却非人人能及。想拥有更大的权力,想到更能发挥自己才能的岗位上去,想做出比别人更大的成就……几乎所有人都有上进心,都有改善现状的欲望。但是,正确估价自己的人,完全有能力接受自己目前所处的现状和环境,这对于想成功的人来说是非常重要的。

世上没有十全十美的人,有些缺点和性格是与生俱来并要带进坟墓的。只要看看那些伟大的成功者就能立即明白,他们都接受了自然的自我。

接受自己,对于正确的自我评价非常重要。纪伯伦曾在其作品里讲了一个狐狸觅食的故事。狐狸欣赏着自己在晨曦中的身影说:"今天我要用一只骆驼做午餐呢!"整个上午,它奔波着,寻找骆驼。但当正午的太阳照在它的头顶时,它再次看了一眼自己的身影,于是说:"一只老鼠也就够了。"

狐狸之所以犯了两次相同的错误,与它选择"晨曦"和"正午的阳光"作为镜子有关。晨曦不负责任地拉长了它的身影,使它错误地认为自己就是万兽之王,并且力大无穷无所不能;而正午的阳光又让它对着自己缩小了的身影忍不住妄自菲薄。

大师笔下的这只狐狸与现实生活中的很多人十分相似。他们对自己的认识不足,过分强调某种能力或者无凭无据承认无能。这种情况下,千万别忘了上帝为我们准备了另外一块镜子,这块镜子就是"反躬自省"4个字,它可以照见落在心灵上的尘埃,提醒我们"时时勤拂拭",使我们认识真实的自己。

尼采曾经说过:"聪明的人只要能认识自己,便什么也不会失去。"正确认识自己,才能充满自信,才能使人生的航船不迷失方向。正确认识自己,才能正确确定人生的奋斗目标。只有有了正确的人生目标并充满自信地为之奋斗终生，才能此生无憾，即使不成功，自己也会无怨无悔。

思路突破：定位决定人生一个人的发展在某种程度上取决于自己对自己的评价，这种评价有一个通俗的名词——定位。在心目中你把自己定位成什么，你就是什么，因为定位能决定人生，定位能改变人生。

一个乞丐站在地铁出口处卖铅笔，一名商人路过，向乞丐杯子里投入几枚硬币，匆匆而去。过了一会儿后商人回来取铅笔，他说："对不起，我忘了拿铅笔，因为你我毕竟都是商人。"几年后，商人参加一次高级酒会，遇见了一位衣冠楚楚的先生向他敬酒致谢。这位先生说，他就是当初卖铅笔的乞丐。他生活的改变，得益于商人的那句话：你我都是商人。故事告诉我们：当你定位于乞丐，你就是乞丐；当你定位于商人，你就是商人。

定位概念最初是由美国营销专家里斯和屈特于 1969 年提出的，当时他们的观点是，商品和品牌要在潜在的消费者心中占有位置，企业经营才会成功。随后定位的外延扩大了，大至国家、企业，小至个人、项目等，均存在定位的问题，事关成败兴衰。

汽车大王福特自幼帮父亲在农场干活，12 岁时，他就在头脑中构想用能够在路上行走的机器代替牲口和人力，而父亲和周围的人都要他在农场做助手。若他真的听从了父辈的安排，世间便少了一位伟大的工业家，但福特坚信自己可以成为一名机械师。于是他用 1 年的时间完成了其他人需要 3 年的机械师训练，随后又花两年多时间研究蒸汽原理，试图实现他的目标，未获成功；后来他又投入到汽油机研究上来，每天都梦想制造一部汽车。他的创意被大发明家爱迪生所赏识，邀请他到底特律公司担任工程师。经过 10 年努力，在福特 29 岁时，他成功地制造了第一部汽车引擎。今日美国，每个家庭都有一部以上的汽车，底特律是美国最大工业城市之一，也是福特的财富之都。福特的成功，不能不归功于他定位的正确和不懈的努力。反过来说，就算你给自己定位了，如果定的不切实际，或者没有一种健康的心态，也不会取得成功。

人们在人生定位、心态、思维模式、职业发展、人际关系、爱情婚姻、做人做事、能力培养、生活习惯等方面存在的重要问题进行剖析，并提出了针对很强的"思路突破"——谋求发展与成功的正确思路。由此引导广大读者，尤其是青年朋友们，在现实中突破思维方式，克服心理与思想障碍，确立良好的解决问题的思路，把握机遇，灵活机智地处理复杂和重要问题，从而开启成功的人生之门,谱写卓越的人生乐章。

生活工作没有思路不行,组织管理没有思路不行,企业经营没有思路不行……在逆境和困境中,有思路就有出路;在顺境和坦途中,有思路才有更大的发展。

魔力悄悄话

人们在事业、工作、人际关系、爱情、生活等方面会遇到很多困境和难题,它们影响命运、决定成败。如何解决这些问题,需要正确的思路。

事在人为

有人说,没有做不成的事,只有不去做的事。生活中,每当我们做成一件事,每当我们获得成功,我们才会恍然发现,原来事在人为"正如司汤达的宝剑锋从磨砺出,梅花香自苦寒来"

的确!人就是要在磨砺中享受成功,从成功中体验磨炼。这不是简单的循环,而是人生里程的无隙契合。成事在人,谋事在天。世界上不可能有任何一条通往成功的捷径,每一个成功的背后都是无数血汗和精力的凝聚。

话说从前四川边境那儿有一座庙,庙里住着两个和尚一个是穷光蛋,另一个则是百万富翁。

有一天,穷和尚对富和尚说:"我想去南海去拜见观音菩萨。"富和尚听了,先是愣了一下,然后哈哈大笑起来,笑得眼泪都快流出来了。富和尚忍住笑,对穷和尚说:"实话告诉你,我花钱租船都乘不到南海,你靠腿走能到得了吗?"言罢,富和尚又笑了起来。"行,我一定行!"穷和尚坚定地说。第二天,穷和尚拿了个碗,就出发去南海了。

日子很快就过了半年多了。待到第二年的春天,穷和尚从南海回到了那座庙。当富和尚看到穷和尚满载而归的时候,就疑惑地问:"你是怎么去南海的?"穷和尚自豪地回答:"我是靠化缘去的。只要有坚定的信心,天下没有办不到的事情。"

是啊,难道我们就比不上一个穷和尚?和尚立志南海一游,能达到自己的目的,那我们也能。回顾一下,爱迪生当初不也是靠捡破烂儿度日吗?童第周不是被认为"低能儿"的吗?那他们为什么能成为伟大的发明家?还有蒸汽机的发明者瓦特,引力发现者牛顿……,他们作为一代科学家,为何能创一代佳绩?难道他们高智能吗?错了。他们是靠着这种刻苦钻研,吃苦耐劳,勇于拼搏的精神去创造去争取的。他们为何能踏踏实实去实践?我们为何不能呢？难道我们不及他们吗？如果一个人心中怀着一个不倒的信念：事在人为，只要努力就会成功，努力，再努力，艰辛的劳动总有一天会结出硕果，我们都可以浇开成功之花让我们记住，事在人为，在人为事，为人在事，为事在人！

魔力悄悄话

上天赐予我们的是平等的，只要我们自己去开拓，去奋斗，就能取得辉煌。世上无难事，只怕有心人。

做事要方,做人要圆

为什么铜钱是内方外圆？这就是中国辩证哲学的集中体现,做事要方,做人要圆。

人活在世上,无非是面对两大世界,身外的大千世界和自己的内心世界。人,一辈子无非是两件事——做事和做人。多少人一辈子都在哀叹做人难,难做人。

一:先说方,做事要方,便是说做事就要遵循规矩,遵循法则。人常说的"没有规矩不成方圆""有所不为才可有所为",就是"方"这个道理。也就是做官绝对要奉守清廉的原则。为商要做到一个"诚"字。做学问信奉耳朵是一个"实"字。

二:做人要圆。这个圆绝对不是圆滑世故,更不是平庸无能,这种圆是圆通,是一种宽厚、通融,是大智若愚,是与人为善,心智的高度健全和成熟。不因洞察别人的弱点而咄咄逼人,不因自己比别人高明而盛气凌人,任何时候也不会因坚持自己的个性和主张让人感到压迫和惧怕,任何时候你也不会随波逐流,要潜移默化别人而又绝不会让人感到是强加于人的,这就需要极高的素质,很高的悟性和技巧,这是做人的高尚境界。

如是另样,凡内心孤独的人必喜虚张声势;内心弱小的人必好狐假虎威;心中有鬼的人必爱玩弄伎俩;没有自信的人必会尖酸刻薄,试问这样地做人又从何谈圆？

当然也不乏有人为了某种利益和目的不惜敛声屏息,不惜八面讨好,不惜左右逢"圆"。但这种圆和那种圆绝对有本质的区别,这种"圆"的后面是虚伪和丑恶。

做人圆,那也会有牺牲。有时候要牺牲小我,有时候要忍辱负重,忍气吞声;还有更多的时候要承受屈辱、误解,甚至来至亲至爱的人的伤害。

能做到"方""圆"的,同时却没有感到那是一种牺牲、痛苦的才是大成功、大境界;能为了"方""圆"去承受牺牲的是小成功、小境界;不愿牺牲也做不到"方""圆"的是不成功。如果截然相反,做事是圆,只要有利,不择手段、什么都敢干;做人是方,刁钻古怪,锋芒毕露,心狠手辣的话,那这个人一定会糟糕透顶,不能容于天下了……

魔力悄悄话

为人处世贵在会变通,贵在灵活,拘泥只会让事情向相反的方向发展,方是宗,圆是万变,万变不离其宗,这正是方圆互补的处事原则,做人方正必生智慧,智慧一开,处世也就圆润了。方圆之理才是智慧与通达的成功之道。两者互补,让我们在为人处世时,既能坚持原则,又不失灵活性。

思路有多远就能走多远

有这么一个故事。4个营销员接受任务,到庙里找和尚推销梳子。

第一个营销员回来了,但一把梳子也没推销出去。他解释道:他到了庙里之后,一个劲地向庙里的和尚解释,梳子可以梳理头发,让仪态更加美观。但庙里的和尚说他们没有头发,不需要梳子,最终他一把梳子都没销掉,只好空手而归。

第二个营销员回来了,销了10多把。他介绍经验说,我告诉和尚,头皮要经常梳梳,可以止痒;头不痒也要梳,可以活络血脉,有益健康;念经念累了,梳梳头,头脑清醒。

这样,庙里的和尚每人买了一把梳子。

第三个营销员回来了,销了100多把。他说,我到庙里去,跟老和尚讲,您看这些香客多虔诚呀,在那里烧香磕头,磕了几个头,站起来头发就乱了,香灰也落在他们头上。您在每个庙堂的前面放一些梳子,他们磕完头烧完香可以梳梳头,会感到这个庙关心香客,下次还会再来。这一来就销掉100多把。

第四个营销员回来了,说他销掉好几千把,而且还有订货。他说,我到庙里跟老和尚说,庙里经常接受人家的捐赠,得有回报给人家,买梳子送给他们是最便宜的礼品。

您在梳子上写上庙的名字,再写上"积善梳"三个字,说可以保佑对方,这样就可以作为礼品储备在那里,谁来了就送,保证庙里香火更旺。这一下就销掉好几千把。

每个人都渴望成功,都希望能过上更精彩、更富有的生活,但并非每个人都能如愿。能够实现愿望的人不一定比你付出更多的汗水,但一定比你付出了更多的思考,他们有好的思路、好的方法、好的经验,才有好的结果。掌握正确的学习方法,学会如何学习具有更为重要的意义,好的思路,能让我们从沉重的学习负担中解脱出来,在有限的时间内,更好更快更轻松的学习。

只知道梳子可以用来梳头,总想着"和尚要什么梳子呀",工作就没法做了。思路比刻苦更重要;思路有多远,就能走多远。

魔力悄悄话

掌握正确的学习方法,学会如何学习具有更为重要的意义,好的思路,能让我们从沉重的学习负担中解脱出来,在有限的时间内,更好更快更轻松的学习。

第十章 增强你的责任感

　　责任感是什么？责任感是指应该做、值得做或有必要做的事情要勇于面对,敢于承担,同时可以不做的事情要也视为自己应该做的事情。我们很多人都或多或少在自己没有把事情做到位,或是做到预期的效果而受到批评的时候,大多数情况下,我们都会认为自己已经尽了力,已经尽了心,效果不好结果不如意都是自身以外的原因而造成的。借口,都是借口,我们都能为自己不能完成的任务找到借口。有责任感的人不会找借口,只会从自身找原因。

让责任成为习惯

人的知识积累才能使人进步，才能极限突破等等，这些都是习惯性动作、行为不断重复的结果。人们日常活动的 **90%** 源自习惯和惯性。想想看，我们大多数的日常活动都只是习惯而已！我们几点钟起床，怎么洗澡，刷牙，穿衣，读报，吃早餐，驾车上班等等，一天之内上演着几百种习惯。然而，习惯还并不仅仅是日常惯例那么简单，它的影响十分深远。如果不加控制，习惯将影响我们生活的所有方面。

19 世纪心理学家威廉·詹姆斯（WilliamJames）如此写道："哪怕只有 25 岁，你也能够在这个年轻的身影上一眼看出未来的推销员，医生，律师，或是首相；哪怕只是一句话，你也能够从中分辨出细微的主观思维模式，以及特定的行为方式。而这些都在表明，他们总有一天逃不过某种命运，就像是衣袖上会出现的褶子一样。我们的性格就像塑料，一旦塑造成形就很难改变，不过，这对于整个社会来说，这也未尝不是件好事。"

责任感

责任感是什么？责任感是指应该做、值得做或有必要做的事情要勇于面对，敢于承担，同时可以不做的事情要也视为自己应该做的事情。

我们很多人都或多或少在自己没有把事情做到位，或是做到预期的效果而受到批评的时候，大多数情况下，我们都会认为自己已经尽了力，已经尽了心，效果不好结果不如意都是自身以外的原因而造成的。借口，都是借口，我们都能为自己不能完成的任务找到借口。

有责任感的人不会找借口，只会从自身找原因。而自身的原因其实大多数是因为没有责任感或是责任感不强，但有时我们自己又是无法确定的。

如何让责任感成为习惯

我们怎样才能有高度的责任感呢？我们每个人都希望自己被别人赞许是一个责任感强的人，的确现在很多会耍小聪明的人在上级领导面前会表现出一副尽心尽职的工作态度从而得到嘉奖或是赞扬，在领导离开后又是另一付工作态度。

有人这样说过,世界上有两种人:空想家和行动者。空想家们善于谈论、想象、渴望、甚至于设想去做大事情;而行动者则是去做!明天是空想家最"强大"的武器;行动者的利器则是今天。明天,既是懒虫们的工作日,也是傻瓜们的改革时,更是凡人们躺着梦想升天的好日子。

真正的责任感只有自己能公正的衡量,所以让我们从每一件小事开始做起,让责任感成为自己的工作和生活习惯。相信这一习惯不仅对目前的工作有益,更会让自己的人生得益匪浅,使我们的人生达到更高的境界。

我们知道,生活总是把那些我们无法控制、更难以预料的事情强加于我们身上。有这么一个笑话我很喜欢:"如何让上帝发笑? 告诉他你的计划吧。"我们无法掌控发生在我们身上的所有事情。我们能控制的事情只有一件,那就是我们每天怎么做。我们可以去选择,每天、每月,或是每个时刻,我们都在做出行动的选择。问题只是,我们时常是选择"不去选择"。

不去后悔我们的今天、不去后悔我们的选择,唯有用心地度过每一天!

魔力悄悄话

真正的责任感只有自己能公正的衡量,所以让我们从每一件小事开始做起,让责任感成为自己的工作和生活习惯。

责任是一种使命

一名公交车司机在行车途中突发心脏病,但他在生命的最后一分钟内,做了三件事:把车缓缓地停在马路边上,用最后的一点力气拉下了手动刹车;把车门打开,让乘客安全地下了车;将发动机熄火,确保了乘客、行人和车辆的安全。做完了这三件事,他安详地趴在方向盘上,停止了呼吸。

还有一个故事,一个 11 岁的男孩在踢足球时,不小心将邻家的玻璃打破,邻居向他索赔 12 美元,这对孩子来说可是个天文数字。男孩将这件事情告诉了父亲,并很懊悔。父亲见他为难的样子,就拿出了 12 美元,并告诉他:"这笔钱是我借给你的,一年之后要把这笔钱分毫不差的还给我。"男孩赔偿邻居后,就拼命地打工挣钱。终于在半年后,他把这笔钱分毫不差的还给了他的父亲。这个男孩就是后来的美国总统罗纳德·里根。

是什么力量驱使这个司机在生命的最后一刻做出了惊人之举?是重如泰山的责任。又是什么力量驱使里根为了还这一笔钱而拼命打工,也是责任。他后来还回忆说:"通过自己的劳动来承担自己的过失,让我懂得了到底什么是责任。"

责任是什么?责任是一种职责或任务,它伴随着人类社会的出现而出现。从本质上讲,责任是一种与生俱来的使命,它伴随着每一个生命的始终。责任通常有两个层面的理解:一是指分内应做的事,如职责、尽责任、岗位责任等;二是指没有做好分内的事,而应承担的不利后果或强制性义务。中国有句古话:"天下兴亡,匹夫有责"。责任感是衡量一个人精神素质的重要指标。

责任有多大,事业才会有多大。无论哪个岗位、哪项工作,首先要时刻牢记自己肩负的责任。有了强烈的责任意识,才能产生积极性、主动性与创造性,才能把每个岗位、每项工作做得圆满。其次,对工作负责也就是对自己负责,只有坚持标准,精益求精,才能体现你的价值和作用,才能为自己的职业生涯夯实基础。再次,责任与职业发展、个人得失密切相关,凡是在工作中严格要求自己、敢于承担责任、尽职尽责、尽心尽力的人,必定会赢得尊重与赏识,进而在职场上有所提升和发展。反之,则会饱尝不愿付出、不愿承担责任的苦果。就如那位建筑师,一生中建造了无数精美的房子,但在他决意要退休的时候,老板让他再建造一套房子,他思念家人心切,便偷工减料,草草交差。谁知,老板当即把钥匙给了他:"这是我送给你的礼物"……

责任有多大,家庭才会有多幸福。家庭是社会的一分子,需要夫妻间的相互支撑。家庭成员之间,需要的是关怀、体贴和温暖,而不是冷漠、争吵和纠纷;需要的是责任、担当和付出,而不是索取、牢骚和埋怨。只有多出一份力、多承担一份责任,家庭才会和谐而幸福。要承担责任,还体现在善待自己的身体,摒弃不良嗜好、及时就医诊治、加强运动锻炼等等,只有身强力壮,才有资本和能力去承担责任。从另一层意义上说,健康就是家庭的幸福。反之,一切都是空谈。

一言以蔽之,无论是个人的发展、事业的成功,还是身体的健康、家庭的幸福,我们每个人的肩上,都肩负着一份沉甸甸的责任!

绿叶对花儿的衬托是一种责任,江河对溪流的接纳是一种责任。

魔力悄悄话

责任是上天赋予我们的天职,需要我们去认真恪守和履行。责任体现了一个人的心智和胸怀、使命和追求。责任成就事业,责任成就家庭,责任成就人生。

做事要全力以赴

在执行任务的过程人都不可能一帆风顺，总会遇到这样或那样的困难。这些困难好比一座座山峰，如果我们不全力以赴地攀登，就只能在上脚下哭泣。只要我们保持满腔热情，全身心的投入工作中，那么就不会有跨不过的高山。

一天，猎人带着猎狗去丛林中打猎。猎人瞄准一只兔子后扣动了扳机，可惜只打中了兔子的后腿。受伤的兔子拼命逃跑，猎狗在后面穷追不舍。可是没一会儿，兔子不见了，猎狗只好回到猎人身边。猎人责骂猎狗："你真笨啊，连一只受伤的兔子都追不到！"猎狗听后很不服气，说："我已经尽力而为了！"兔子回到洞里，它的家人都围过来，问它："那只猎狗非常凶猛，你又负伤了，怎么能逃过来呢？"兔子说："它是尽力而为，而我为了活命不得不全力以赴啊！"生活中，也有一些人在执行过程中遭遇到挫折后，总是找理由为自己开脱。他们说得最多的一句话就是："我尽力了"，因此而原谅自己。结果呢？失败也就成为他们的常客！对想要完成任务的人来说，尽力而为是远远不够的，我们需要的是全力以赴。

在生活中，总有人抱怨自己的业绩不突出。与其抱怨，不如静下心来想一想，"自己在解决问题时想尽所有的办法了吗？""自己是否真的做到了全力以赴呢？"实际上，很多人失败就是失败在做事不全力以赴。

不管你如何想提高工作业绩，如果你不改变敷衍、应付的工作作风，失败就会接踵而来。只有全力以赴的执行任务，才有可能出色地完成任务。在职场上，把执行做到位的员工没有一个不是全力以赴的。

在执行任务的过程中，任何人都不可能一帆风顺，总会遇到这样或那样的困难。这些困难好比一座座山峰，如果我们不全力以赴地攀登，就只能在上脚下哭泣。只要我们保持满腔热情，全身心的投入工作中，那么就不会有夸不过的高山。

戴尔泰勒是美国西雅图一所著名教堂里的牧师。一天，泰勒向教会学校的学生们发出了"悬赏"公告：凡是能背出《圣经马太福音》中第五章至第七章的全部内容的人，都会受邀去西雅图"太空针"高塔餐厅，免费品尝那里提供的大餐。可是，需要背诵的内容多达数万字，而且不押韵，这对孩子而言难度非常大。许多学生要么就直接放弃了，要么浅尝辄止。

几天后，一个11岁的小男孩主动找到戴尔泰勒，并在他面前一直不落地背诵了全部内容。而且，整个背诵过程十分流畅，就好像他在照着《圣经》读一样。泰勒十分震惊，因为在成年的信徒中，能背诵此篇幅的人也非常罕见。他对男孩的记忆力表示了由衷地赞叹，然后问他："你为什么能背下这么长的文字呢？"小男孩立刻回答道："因为我全力以赴。"

十几年后，那个小男孩，成了世界著名软件的老板，他就是比尔·盖茨。可见，只要你全力以赴，没有什么事情是不可能的。在积极地心态驱使下，全力以赴就会创造奇迹。

魔力悄悄话

在执行任务的过程中，任何人都不可能一帆风顺，总会遇到这样或那样的困难。这些困难好比一座座山峰，如果我们不全力以赴地攀登，就只能在上脚下哭泣。

责任感无处不在

在从事一定工作的人应当具备的品质中，责任感，是那样朴素而又十分可贵。忍着病痛走访贫苦百姓的焦裕禄，迎着洪水探察灾情的张鸣岐，以微薄收入供养藏族孤儿的孔繁森……先进人物的思想和事迹，无不具有一个共同的特点，就是对国家、对人民、对事业有着高度的责任感。"不患无策，只怕无心。"一个人的学识、能力、才华很重要，但缺乏责任感，就不堪大用。即使小用，也令人担心。

有没有责任感，是对一个人的基本要求。不管在工作还是生活中，有责任感的人能够对自己做出的事情负责，能够不遗余力地完成属于自己的任务。同时，责任感也反映了一个人的精神境界。我们一般可以看出，有责任感的人，绝不是个人中心主义者，他人的、集体的、国家的利益总是先于自己的利益。在家庭生活中，他们孝敬父母，呵护家人，毫无怨言地挑起最重的担子。在社会生活中，他们对属于自己的义务总是全力以赴，从不会袖手旁观或推给别人。责任感也是一个人的思想品德的表现。有责任感的人，他们的价值观是在帮助别人获得幸福中得到满足，而他们自己却少有索求，因而表现在实际行动中，有责任感的人总是顾全大局、忍辱负重、任劳任怨、助人为乐、谦逊礼让。他们表里如一，心境澄明，人前人后一个样，有无名利一个样。他们从不追名逐利，但对于失误、不足却又不推诿、不塞责。

经验告诉我们：凡是那些为他人、为社会、为国家做了好事而又不期望得到回报的人，通常也是会以高度负责精神投入工作的人。人们都熟悉的白衣天使南丁格尔，她的伟大来自平凡。她把护理工作看成是一种关乎人的尊严乃至人类文明的神圣事业，而这些恰恰是通过诸如采光、通风、消毒、伙食、卧具等等细致周到的关爱体现出来。责任感不仅仅表现在大的方面，责任感落实到日常工作中是责任心。

在工作中有责任心的，从不会忽略工作中的小事。系于责任就没有小事。因为没有处理好铁轨上的一颗道钉而使一列火车倾覆，因为没有检查到认出的烟头是否熄灭而毁掉一片森林，因为随意的一张处方而耽误了一个人的生命，这些人对小事没有足够的重视，没有尽到自己应有的责任心。这样的人我们敢对他委以重任吗？

现实生活中，缺乏责任感的到处都是。有些人把应承担的责任抛于脑后。对父母看到的是父母的财产，是父母的劳动力，是父母的可为之服务的人际关系，是父母的可供之使用的"使用价值"，而从未想到"子生三年，然后免于父母之怀"，自己成长包含父母艰辛，从而尽自己应尽的反哺的历史责任，而不是对父母大呼小叫、随意呵斥，饭来张口，衣来伸手还不够，还嫌父母给的钱少。谈恋爱，叫作"玩"朋友，将纯贞的爱情变成为可为之猥亵的玩物，甚至变为只用以满足动物性欲需要的行为，今天交一个女朋友，没过两天又换了一个，交往没几天就住在一起，出了事情却甩手不管，这样的人根本谈不上"两情若是久长时，又岂在朝朝暮暮"的纯洁感情，从而也谈不上终身伴侣间彼此相应承担的庄严的社会责任。对朋友、对邻居、对同事，无信不义，尔虞我诈，什么管鲍之交，什么伯牙之情，什么"义薄云天"，视为可笑，答应朋友的事情总是在推诿，对邻居、同事，总是能蒙就蒙能骗就骗，不断食言。一言以蔽之，一切以自我为中心，以"人不为己，天诛地灭"为准则来行动。这样的人是不会在生活中、工作上有什么成绩的，他们的存在对社会也是无意义的。

魔力悄悄话

责任感表现得无处不在，张开慧眼，看清他的责任心。一个人有责任感的人一定会是个好下属。

变心动为行动

如何把心动变为行动

行动源于两点:对快乐的追求和对痛苦的逃避,而逃离恐惧与痛苦的力量更大。一个人不能化心动为行动只有两个原因:一是对快乐的渴望不够强烈,二是对痛苦的恐惧滋味尚未尝够。

有个笑话

一个醉鬼深更半夜跌跌撞撞地往家走,可连方向都弄错了,竟走到一片墓地里。有一家人明天要给亲人送葬,提前挖了个大坑。醉汉一不留神掉进了坑里。他费了九牛二虎之力仍然爬不上来,正当他准备稍事休息再往上爬时,突然有人冷不防在他肩上拍了一下,阴阳怪气地说:"别费劲了,我试过了,你爬不上去的……"。这一惊吓,非同小可,他以为遇见鬼了,蹭!一下子跃出坑外,撒腿跑了个无影无踪。原来拍他的那个人也是个掉进坑里的醉鬼。

你之所以还仅仅只是在想成功,是因为现状还没把你逼上绝路,你还混得下去。所以你必须让自己强烈地恐惧你现在的样子,否则,长此以往,你就会像那只放在一锅冷水中的青蛙一样,终有一天难逃苦海,从而变成一锅"青蛙汤"的。

决心,强烈的决心,只有你决定改变的心才能帮助你迎向成功。

成功是每时每刻的全力以赴

人生就是持续不断地向自己发出闪电般的挑战,恒久追求生命最为壮丽的美好未来。

一分耕耘,一分收获的传统观念害了不少的人。当他们付出一分耕耘,却没得到显性的那一分收获的时候,他们选择失望甚至放弃,于是他们坐失即将到手的丰硕收成。

追求成功就要信仰成功,信仰成功才会每时每刻都全力以赴,而非偶尔全力以赴,成功与失败只差这么一点啊!

别人认为可不可能一点都不重要,重要的是你认为可不可能。

活出自己是值得的,可惜的是,很多人都生活在别人的眼睛里、嘴巴里,放弃了人生的主控权。

在美国宇航中心的大门上,写着人类向宇宙的一句豪迈宣言:只要人类能够梦想的,就一定能够实现。第一次得知这句话时,我就被深深地感动和震撼了,精神的力量真的太巨大了。

这个世界上有很多的普通人,失败者也为数不少,这些人心中有一种失败的思想——"不可能"思想,而成功者拥有完全不一样的思想——未来拥有无限的可能性。所以,别人认为你的梦想可不可能实现一点都不重要,重要的是你自己认为可能不可能。

心有所思,行亦随之。所有大哲学家都同意这样一件事儿:我们想什么,真的会变成什么。正因为如此,很多人都在应用一个技巧——视觉化,即在事情实现之前,先在心中把他看成真的。莎士比亚也曾说过:"如果我们的心预备好了,所有的事都成了。"

放飞梦想,记住可能,人生将会是另一番景象。

命运是每一天生活的积累,小事情是影响大成就的关键

人们不能掌握命运,却可以规划时间,管理好自己每一天的行为,而所有这一切积累在一起,就构成一个人的命运。这样看来,每个人都是自己命运的编剧、导演和主角,我们有权利把自己的人生之戏编排得波澜壮阔、华彩四溢,也有责任把自己的人生之戏导演得扣人心弦、五彩缤纷,更有义务把自己的人生之戏演绎得与众不同、卓然出众。我们拥有这伟大的权利——选择的权利。

今天你几点起床?今天你怎么安排时间?今天你怎样待人接物?今天你穿什么衣服……每一天的生命都是自己决定的。只要我们知道一个人如何思考,就可以判断他的未来。

行动有行动的结果,不行动也是一种行动,每个人的命运都存在于他自己的决定之中。必须对自己的生命负完全的责任,要让事情改变,先让自己改变;要让生活的外在世界变得更好,先让自己的内心世界变得更好。排除任何借口,从现在开始行动,就是对生命的尊重。

绝对不要想你不要的东西,否则你一定得到它;绝对要思考你要的东西,这样,你也一定得到它。

多的事情看起来比较复杂,但当你下定决心时,它立刻变简单了。

成功永远没有能不能的问题,成功只有一个考虑:要还是不要。

只要别人能做到的,我也能。这个道理也适合你。

成功者都必须自我激励。激励不是别人的赠予,而是自己跟自己玩的游戏,我要求自己永远以正面的角度来思考所有的问题。每个人都可以注意自己想要的,而非自己恐惧的。

安东尼·罗宾说:因为我恐惧,所以我必须立刻行动——朝着想要的方向奔跑。

魔力悄悄话

激励不是别人的赠予,而是自己跟自己玩的游戏,要求自己永远以正面的角度来思考所有的问题。每个人都可以注意自己想要的,而非自己恐惧的。

释放你的潜能

每一个人的真正的自我都是有磁性的,对别人具有强大的影响力、感染力。通常说某个人"个性很有魅力",其实是指他没有压抑自我的创造性和具有表现自己的勇气。

"不良个性"也可称为"被压抑个性",是对个人潜能的一种压抑,其特征是不能表现内在的创造自我,因而显得停止、退缩、禁锢、束缚。受压抑的个性,约束真正的自我表现,使自己总有理由拒绝表现自己、害怕正视自己,把真正的自我紧锁在内心深处,并大量地消耗着心理能量。身体终日处于疲惫不堪的状态,思维几乎陷于停顿境地。压抑的状态很多:羞怯、腼腆、敌意、过度的罪恶感、失眠、神经过敏、脾气暴躁、无法与别人相处等。

正如前面所述,每个人自身都蕴藏着无限的潜能,只是未被激发或受到压抑。如果对否定或批评反应过了头,则可能偏离正轨,使前进受阻。如果你见了生人就害羞,如果你惧怕新的陌生的环境,如果你经常觉得不适应和担忧、焦虑和神经过敏,如果你感到紧张、有自我意识感,如果你有类似面部抽搐、不必要的眨眼、颤抖、难以入眠等"紧张症状",如果你畏缩不前、甘居下游,那么,说明你受到的压抑太重,你对事情过于谨慎和"考虑"的太多,限制了个性的发挥和表现。

假如你是由于潜能受到压抑而遭到不幸和失败,就必须有意识地练习解除抑制的方法,让生活中的你不那么拘谨,不那么担心,不那么过于认真。学会在思考之前讲话,戒除行动之前"过于仔细"的思考。

那么,究竟该怎样释放潜能呢?

一、释放潜能——你想做什么就做什么

(1)不要事先考虑你想要说些什么,张开嘴巴说出来就行(2)不要做计划(不要考虑明天),不要有行动前考虑。

"行动——在行动中纠正你的行为"。这个模式看来有些偏颇,但事实上它符合机制开动的原则,一枚鱼雷绝不事先行动——朝目标进攻——然后纠正行进过程中可能产生的一切偏差。

（3）停止批评自己

潜能受压抑的人经常沉溺在自我的批评中，不管作出多么简单的举动，事后他都会对自己说：我真不应该这样做！"在鼓足勇气说完一句话之后，他立刻对自己说："也许我不应该这么说，也许别人会有错误的理解。心理学家奉劝每一位受压抑的人再也不要这样折磨自己，因为有意识的自我批评、自我分析和反省虽然也是必然的，但是作为一种经常不断的、每日每时都进行的自我猜测或者对过去行为的无休止的分析，最终只能导致你行动的失败。要注意这一类的自我批评和自我责备，要使他们立即停止下来。

二、释放潜能——循序式肌肉放松方法

这里介绍的一种有效循序式肌肉放松法，来释放被压抑的个性潜能。

初步的肌肉放松运动并不难学，跟着下列的要点练习大约一星期，就可以掌握到放松的要诀。

（1）安排 30 分钟时间。

（2）安排一个宁静而最好是黑暗的房间，内有一张舒适的床或沙发。

（3）穿着宽松的衣服（如睡衣），或将自己的紧身衣裤解松，然后睡或躺在床或沙发上。

（4）深呼吸 3 下，每一次吸气之后，尽可能忍气不呼出，并全身紧张，然后握紧拳头，这一过程是让你体会到紧张的感觉。在每一次忍受不住时，再将气缓缓呼出，尽管能导引自己有"如释重负"之感，这一过程是让你体会到松弛的感觉。

（5）尽量感受紧张的不适感觉与松弛的舒适感的强烈对比，两手松弛的妙处。

（6）按身体部位逐一发布"松弛的自我催眠命令"。这些部位依次是手指及手掌、前臂、手臂、头皮、前额、眼、耳、口、鼻、下颚、颈、脖、背、前胸、后腰、肚、臀、耻骨以及大腿、膝、小腿、脚及脚趾。你依照这些部位的秩序，发布以下的指令："放松松弛，我现在感到非常舒畅。我（部位）现在是非常的松弛，我明显感觉这部位有一种沉重而舒服的感觉。

（7）在向自己发布的这些命令的同时，你要尽量体验全身松弛的感受。

（8）当完成手指到脚趾的松弛的过程，想象一股暖流，由头顶缓缓地流下你的脖子、胸、肚、腿以及脚尖。这暖流带来的舒适感，大大地加深全身的松弛程度。

(9)静静地躺在床上或沙发上,尽情享受这难得的松弛,体会这状态的美好。

除了第9步没有时间限制外,前面由手至脚整个逐步放松的过程需大约6至7分钟。如果你在不到6分钟的时间内完成,那说明你还未能达到松弛状态。

要点:(1)假如(1)和(2)的环境不许可,你应该弹性变通一下。

(2)保证在这段时间内没有外界骚扰。

(3)在(1)中之所以安排半小时的时间去做一个7分钟左右的程序,是为了保证你不为时间所限而尽量放松。有一位工程师坚持练习此放松术,纠正了严重的语言缺陷,其逻辑思维和工作才干也获得惊人的发展,他温顺待人的态度和冷静的处世方法,也得到周围人的赞赏。

三、释放潜能——不断进行积极的自我暗示

暗示会产生强烈的心理优势,并引导潜在的动机产生行为。积极的带有成功意识的暗示会让你较少利用意志力,在自发心理中实现自己的目标。

在学习自我暗示时,要牢记5个原则:

1、简捷

你默念的句子要简单有力。例如:"我越来越富有。""我挣了越来越多的钱"等等。

2、积极

这一点极为重要,如果你说:"我不要挨穷",虽未言"穷",但这种消极的语言会将"挨穷"的观念印在你的潜意识里。因此,你要正面地说"我越来越富有。"

3、信念

你的句子要有"可行性,以避免与心理产生矛盾与抗拒。如果你觉得"我会在今年内挣到100万"是不太可能的话,选择一个您能够接受的数目。例如:"我一年内会赚到50万或30万。"

4、想象

默诵或朗诵自己定下的语句时,要在脑海里清晰地形成意想。

5、感情

想象自己健康,你要有浑身是劲的感觉;想象自己成功,你要有丰富达到人生的感受。成功学之父拿破仑。希尔博士也指出"当你朗诵(或默诵)你的套句时要把感情贯注进去,否则光嘴里念是不会有结果的,你的潜意识是依靠思想和感受的协调去动作的。

魔力悄悄话

　　记住一句话你就能安心接受所有发生了的不幸运的事情:它已经发生了,它已经变成了现实。面对所有过去了的不幸你只要如此去暗示自己,那么你的心情瞬间便会平静下来。

第十一章 有挑战才有创新和突破

　　莎士比亚说,危困可以考验一个人的精神,安泰的境遇任何平凡的人都能应付。当命运给予挑战时,我知道要勇敢、乐观的去面对,去欣然接受生活的挑战,去勇于承担属于自己的责任。积极应对挑战,在工作中也会勇于接受挑战,具有开创性。不怕挫折,面对挫折时,能够坦然接受,快速自我调适,并积极寻求改善的方法。

不迷信权威，要正确执行

一切卓越人物，即使是性格平和的，往往都不迷信什么权威，而是坚定地相信自己的判断。这是卓越者富有挑战精神的重要体现。

然而，现实生活中，不少人都喜欢盲从于权威。分析家们讲什么，股民就信什么，于是大部分人都赔钱，只有那些只信自己的少部分人赚钱了。事实上，几乎所有的投资大师都对"权威"嗤之以鼻，巴菲特为了避免自己受到华尔街专家们的影响，甚至把伯克希尔公司的总部设在远离纽约的奥马哈市。他说："如果那些分析家们猜测得那么准，他们早就赚大钱了，而且保准不会告诉你。"另一位被称为"股圣"的基金管理人彼得·林奇更直接指出："如果华尔街专家真有这个本事，为何还从事这项工作呢，岂不早成了富翁？"遗憾的是，他们的忠告虽然已经成了经典，但并没有真正种植于全球股民的内心。

对权威的迷信还体现为对投资工具的迷信，这几乎是很多股民的心理通病，因为大家都在靠工具炒股，所以为了安全起见，自己也依赖工具好了。股民们相信有些人已经开发出了一种可以确保投资赢利的系统，不管它是电脑软件，还是用笔绘制的图表。他们的电脑里装满了股票分析软件，每天盯着那些分析工具看，像交易曲线图、趋势表，各种各样的分析数据。他们每天做得最多的事情就是跟那些工具打交道，盯着股价的变线，从中总结规律。巴菲特说："人们在寻找一个公式。"股民们迫切希望找到一个正确的公式，输入电脑，然后就可以坐在沙发上，舒舒服服地看着它向外冒钱。可是，他们失败的时候多，成功的时候却很少。希望获得安全，最终却收获了危险，这是不是一种讽刺？

总之，在人类历史上，特别是在现代社会，除了对神灵的迷信，最重要的就是对权威、对公众的迷信。有些人嘴上推崇科学、民主，但是行动上常常迷信权威盲从众。事实上，无论在任何领域，不废除对权威的迷信，对公众的盲从，就无法真正地确立自信。

在一次世界优秀指挥家决赛的大赛中,一位参赛选手按照评委会给的乐谱指挥演奏,但他却发现了不和谐的声音。

"难道是乐队演奏出了错误?"

为了验证自己的判断,他就示意乐队停下来重新开始。

重新开始以后,在上一次出错的地方,他注意观察乐队的演奏。同样的问题出现了,于是他再一次停下来。

"你怎么指挥的? 怎么老是停下来?"一位评委开始公开严厉地指责他。现场的气氛一下子因为这位评委的指责紧张起来,空气几乎都要凝固了。这时,其他的参赛对手心里开始偷着乐起来,"这下,他可完蛋了。"

一些观众开始窃窃私语,"他居然敢让乐队两次停下来,并受到评委的严厉指责。这次,他注定完蛋了。"

"我发现了不和谐的声音。"

"难道你怀疑乐队中的某个人演奏出现了问题?"

"不,一定不是乐队的问题。我已经注意观察了两次。"

"既然不是乐队的问题,一定是你指挥的问题了。"

"这不可能。我认为一定是乐谱出现了问题!"他坚定地向评委表达了自己的判断。

这时,在场的作曲家和评委会的权威人士纷纷坚持说:"乐谱怎么会有问题呢? 乐谱绝对没有问题,是你指挥错了。"

一时间全场哗然,所有的观众和参赛者都不由得纷纷议论起来。

面对一大批音乐大师和权威人士,他斩钉截铁地大声说:"不! 一定是乐谱错了! 我坚信自己的判断!"

话音刚落,评委席上的评委们立即站起来,报以热烈的掌声。

"祝贺你赢得这场大赛的第一名。"

原来,这是评委们精心设计的圈套,以此来检验指挥家在发现乐谱错误并遭到权威人士"否定"的情况下,能否坚持自己的正确主张。前两位参加决赛的指挥家虽然也发现了错误,但终因随声附和权威们的意见而被淘汰。

这位参赛选手终因自己的自信而摘取了世界指挥家大赛的桂冠,他就是世界著名的交响乐指挥家小泽征尔!

能够在遭遇权威的质问或批评时,不动摇自己的信念,勇于坚持自己的主见,不是因为固执,而是因为自信。

其实,对我们自己来说,自身就是一座最大、最可贵的宝藏。

影响美国的很多思想潮流和思想风暴都可以在哈佛大学溯源,哈佛大学哲学系又是哈佛学术思想的中心,各种重要的哲学流派亦产生于此。19世纪初,有一个叫爱默生(R. W. Emerson)的哈佛学生在美国发动了一场思想革命,"我们的一切进步就像展现在我们面前的植物蓓蕾一样。你先有你的本能,后有观念,再有智慧。就像植物那样,先有根,后有花,再有果。虽然这些毫无道理可言,但归根到底,你要相信自己的本能。"他主张倾听"个人内心那永恒的呼唤",以人的灵魂的声音,而不是天国、上帝的命令,作为衡量事物的标准,打破了美国早期新教占统治地位的沉闷的精神氛围。奠定了新生的美国的精神发展方向,后来,美国社会重视个人、重视经验、重视实用的源头活水就是爱默生。说爱默生是美国的精神之父并不过分。当然,爱默生也是哈佛的骄傲。为了纪念爱默生的贡献,哈佛的校方决定把哲学系大楼命名为"爱默生楼"。

人往往对自己无知。最大的骄傲与最大的自卑,都是对于自己本身最大的无知。要想成为真正的人,必须先是个不盲从的人,你心灵的完整性是不可侵犯的。当我放弃自己的立场,而想用别人的观点去看一件事的时候,错误便造成了……如果人不能主宰自己,那他永远只能是一个奴隶。

费尔酷爱文学,他的职业理想就是成为一名作家。

经过三个月日日夜夜的努力,他创作了一部小说,希望可以公开发表,出版。在交稿之前,他决定先请一知名的作家作点评,这样就可以提高成功率。但因作家正患眼疾,无法亲自阅稿,费尔就把小说念给他听。

他读完后,作家问:"这样就结束了吗?"

费尔心想,他的意思一定是这样结束不对,意犹未尽,渴望下文。

于是,他对作家说:"没有,没有,怎么会结束呢,我只是口渴了,停一会儿而已。"

接下来,他凭着自己敏捷的文思编了下去。

这样又编了一段后,费尔似乎觉得没有什么精彩的情节可以编了,又停了下来。

作家又说:"结束了吗? 如果这样就结束,好像不妥吧。"

费尔又想,作家一定认为这篇小说还可以再深入一些。

于是,他又说:"没有,我只是读得太投入了,才停顿下来。"

费尔挖空心思地又继续编了下去……

突然,电话响了,原来作家必须去做个眼科手术。

"对不起,费尔,我现在需要上医院了。"

见作家已经起身准备要出门,费尔难为情地说:"那我改天再接着给您读吧!"

作家笑了笑说:"你的小说再读下去就没有任何价值了,其实,如果你在我第一次问你时就结束,那它确实就是一篇非常好的小说。该结束时就结束,何必画蛇添足呢?"

费尔激动地解释说:"不,不是这样的,我的小说原本就是在那里结束的。听了你的问话以后,我误以为你觉得小说应有下文才会更精彩,所以我就继续编了下去。"

"为什么要这样呢?该停下时不停,你的作品自己都没信心去肯定它,谁又会欣赏它?一个缺少决断没有自我意识的人是很难写出好作品的,决断与自我是作家的根本。"作家语重心长地说。

听了作家的话,费尔为自己不自信的行为感到懊悔,同时也深受启发。

被誉为全球第一CEO的杰克·韦尔奇在他的《赢》一书中这样写道:决断力即对麻烦的是非问题做出决定的勇气。对于同一件事情,任何人都有自己不同的角度。一些精明的人能够,也愿意无休止地从各个角度来分析问题,但是,有决断力的人却知道什么时候应该停止议论,即使他并没有得到全部的信息,也需要做出坚决的决定。当然做出这样的决断,需要的是充分的自信,恰到好处,见好就收,急流勇退,这需要的都是自信。

一个人对自己的判断犹豫不决的时候,别人的意见就会乘虚而入,这时就难免受到别人意见的左右。

洛克菲勒说:"自信能给你勇气,使你敢于向任何困难挑战;自信也能使你急中生智,化险为夷;自信更能使你赢得别人的信任,从而帮助你成功。"正如哈佛大学的心理学家威廉姆·詹姆斯所说的那样:"很多时候,人们把自己想象成什么样子,现实中自己也许真的就会是那个样子。"

魔力悄悄话

一个连自己都不相信的人,无法让人相信自己。要取得别人的信任,首先要相信自己。

否定自己是提高执行力的前提

韩国三星集团的创始人李秉哲的财富生涯是由一个不起眼的"死里逃生"的小小磨米厂开始起步的。这是李秉哲的第一次创业,他与自己的两个朋友每人投资1万元合伙在马山港开了一家磨米厂。由于缺乏经验,进货价过高,加之对中途的成本控制不到位,加工技术又不过关,导致销量不好,一年经营下来,亏损了70%,磨米厂面临倒闭的危险。这时,其中一位朋友立即想撤出,他提出应该卖掉厂子收回成本。李秉哲却这样认为,第一次尝试,难免会因为缺乏经验而遭遇失败和挫折,即使去做新的行业,也难保第一次就能成功。于是,他劝告自己的这位朋友再坚持一年,并且与他订立协议:如果再次亏损,由他个人负责偿还对方的投资;如果这次赚钱了,对方享有同等的收益权。事情定下来之后,李秉哲总结经验,由他亲自去粮食批发站进货。在这过程中,他发现了粮食批发站的价格规律,就尽量选择在低价期进货。并且,他还聘请了当地一位在磨米厂工作过的老师傅当技术指导,提高米的质量。同时,不定期推出一些购米优惠措施,使销量大增。这一年,磨米厂净赚了5万,在还清了第一年的债之后,每人还分得了1万元。

平庸者在失败后往往选择放弃,他们在还没有被困难打败时,就先被自己打败了;卓越者失败后会努力再站起来,他们在战胜困难之前,先战胜了自己,结果最终也战胜了困难。

事实上,每个人最大的敌人正是自己,好多时候我们不是不能够做到,而是我们不愿意去做,或者说半途而废,太容易轻易放弃,向自己低头。

许多困难,不是不能克服,而是我们过早地向自己低头,向困难低头,一旦放弃,就再也没有战胜困难的机会了。不少人放弃后还会为自己寻找各种理由,结果最终使放弃变得冠冕堂皇。

卓越者之所以能够在困境中站起,摆脱受挫情绪的束缚,不是因为他们腰包里的钱多,而是因为他们大脑里的精神财富多。其中最宝贵的精神财富就是绝不认输,顽强向上的意志力。因此卓越者总是在不断地尝试着新的生存环境,在新的环境中跌倒,爬起。因为他相信只有在新的环境里,面临着新的挑战,才会有新的想法、新的思维,才会重新审视自己,审视时代,才会知道时代需要什么,自己应该做些什么。卓越者也会摔跟头,但因为自信,摔过跟斗以后就清醒了,明白自己为什么要摔这个跟头,是什么东西把自己绊倒。把痛留在心中,吸取教训,总结经验,爬起来,掸掉身上的尘土,还人生一个微笑,继续前行。他们的路在脚下,更在心中。卓越者在面对无奈的局面时也会选择暂时的退缩和等待,但那并不等同于他们会放弃,因为他们只是在等待与沉默中去寻找新的契机,去积累再度崛起的经验。在适当的时候他们还会站出来,他们永远都清楚地知道自己在等待什么,自己沉默之后需要超越什么。正是这种顽强的意志力,不断战胜自己,超越自己的态度,使富人总是能够战胜困难。

李嘉诚在谈到他的经营秘诀时说:"其实也没什么特别的,光景好时,决不过分乐观;光景不好时,也不过度悲观。"为什么他无论成败都可以泰然自若?因为他了解无论何种处境,自己面临的真正的敌人是自己,自己需要战胜的是自己。光景不好时,自己面对的主要矛盾是在困境中树立信心,自信可以帮助自己走出困境,找寻新的契机,勇敢前行;而光景好时,自己需要战胜自己的自满情绪,要看到进一步发展,提升隐患意识,要预先找出持续发展的掣肘因素,在已有的平台上超越自己,取得新的腾飞。因此,致富的秘诀在于不断地战胜自己,一次次地超越自己。不断战胜自己的人表现得个性坚强、有目标、有恒心、有勇气,成功是迟早的事情。

土光敏夫是日本著名的企业家,初中时曾参加过学校的100公里徒步训练。这场训练异常艰苦,他两腿走得酸麻,脚上起了泡,在整个过程中几次想放弃、想躺下,但母亲的声音一直回荡在他的耳边:"躺下去你就是懦夫!"他打起精神坚持下去,他咬紧牙关一路前行,同时还不断地鼓励大家、搀扶弱者,甚至背着伤病员前进,最终到达了终点。

后来,他做到日本经团联会长,有人询问他成功的秘诀是什么?他说,他的成功,得益于初中时坚持不懈的启示:"在成长中,你战胜自己一次,就更强大一次。"

每一次战胜自己,都会激发我们设定更高目标去超越的动力。而每一次对于更高目标的完成,无疑会增加我们的自信心,是对我们能力的充分肯定,给予我们困境中坚信自己,战胜自己的信心。这是一个良性循环,一旦进入,将会像滚雪球一样,一发不可收拾,刺激我们不断前行,将事业做大。

反之,如果总是打败自己,就进入一个恶性循环,面临困境时总是想起上次的失败,给自己一个消极的信息,告诉自己这件事情我无法做到,那么无疑会一次次地品尝失败的苦果。

放弃就是打败自己的开端,锲而不舍是战胜自己的秘诀。著名企业家宗庆后的成长经历中充满了艰难困苦,正是他锲而不舍的进取精神与金石可镂的意志,使他能够在艰难中一次次地战胜自己,铸就了他独特的成功之路。

娃哈哈集团董事长宗庆后实现了许多企业家的梦想,稳坐"中国饮料之王"的宝座。2003 年,娃哈哈公司营业收入突破 100 亿元,成为仅次于可口可乐、百事可乐、吉百利、柯特这四家跨国公司的全球第 5 大饮料生产企业。

可以说,宗庆后的前半生经历了种种磨难。新中国成立后,他家中兄妹5 人,只靠母亲当小学教师的那份微薄的工资度日。1962 年,刚刚读完初中且学习成绩一向很好的宗庆后为了分担母亲肩上的重担,主动辍学,瞒着父母报名"上山下乡"。此后 10 多年中,宗庆后在舟山马目农场过着艰苦的生活,他每日在一望无际的海滩上挖盐、晒盐、挑盐。艰苦的劳动与枯燥的生活没能磨灭他向上的意志。这段时间中,他把读书作为唯一的精神慰藉。1978 年,33 岁的宗庆后才回到杭州,进入一个校办厂做推销员。在这 10 年里,他辗转于几家校办企业中,郁郁不得志。但巨大的精神压力却没有将他压垮,他仍未放弃追求崇高与卓越。直到 1987 年,他的才华与能力终于得到了认可,杭州市教育局一位领导把别人经营不下去的校办企业经销部承包给宗庆后。他的人生终于揭开了崭新的一页。被任命为校办企业经销部经理时,他手下仅有两名退休女教师;这一年,42 岁的宗庆后才开始了创业之路,靠给小学送棒冰、写字本,开始一分一厘的积累。此时,身为经销部经理的宗庆后像工作狂一样,风里雨里骑着三轮车去送货。烈日下骑着三轮车到小学校送一箱棒冰,赢利 1 元。1988 年 10 月,娃哈哈儿童营养液一炮打响,销遍中国,"喝了娃哈哈,吃饭就是香"的广告语成为人们至今仍耳熟能详的经典。宗庆后大获成功。

宗庆后没有资本家血统,他白手起家,全靠坚持不懈的奋斗,不断地战胜自己,并在实践中积极总结经验,最终建立起了强大的商业帝国,为国人创造了上千就业机会。而他成功的第一个条件就是不断地"战胜自己""超越自我"。

世界著名成功学家拿破仑·希尔曾经说过,人与人之间其实只有极小的差别,但正是这极小的差别却导致了极大的差距,这极小的差别就是面对自我挑战时的心态,这极大的差别就是成功与失败。但正是因为这极小的差别导致了世界的二八分成,20%的人不断战胜自己,成就卓越,拥有80%的财富,而80%的人在与自我的对抗中一次又一次地失败而甘于平庸,只拥有20%的财富。那么说,你是愿意挤入这20%的行列还是愿意加入这80%的庞大队伍中呢?

那么,如何战胜自己呢?

●不断地提升自我,才能不断地获取持久的自信,这是不断出现新困难的根本。

●遭遇挫折时不要找借口,深刻反思,从自身找原因。这是最容易做到的,因为这是唯一不需要依靠别人就能独自实现的。而且,缺乏自省往往是失败的根本原因。

●在困境中保持乐观。

●从每件事中发现积极的因素,给自己不断向前,超越自我,战胜自我的动力。

●认真做好当前的每一件事,有了坚实的地基,早晚会建起摩天大楼。而每一块砖瓦的堆砌都是你战胜自己的证明。

●将远大目标分割,不断给自己设定切实可行的短期目标,一个接一个地逐步提高目标的难度,并不断地克服它。

魔力悄悄话

不断地战胜自己,才能使自己更强大。持久的自信,坚强的意志力来源于一次又一次地战胜自己。

贫穷是执行力的良好沃土

一位企业家到西南某省的贫困地区考察。当他目睹当地一户贫困人家吃饭的情形时,不禁落泪。原来这家装饭的碗,竟是几只破得不能再破的陶罐,更让他吃惊的是,全家竟连一双筷子也没有,都是直接用手抓。企业家无比感慨,便许诺给这户人家物质的帮助。可是当他走出他们的家门后,又马上改变了主意:他看到房前屋后都长着极适合做筷子的竹子。

一些贫穷者的贫穷完全是因为精神贫穷,他们缺乏最起码的积极努力的精神,有的只是一味祈求别人的可怜和帮助。

一些平庸者因为不敢冒险,不敢投资,投资怕赔,认为自己输不起,所以,就不自觉地固守贫穷,而又不甘于贫穷,于是便认为贫穷是自己一切苦难的源泉。但他们并没有真正想过,他们之所以穷,实际是穷在思维上。思维的贫穷导致行动的落后,行动的落后导致生活的贫穷。

而那些起步于贫穷的卓越者,他们则把贫穷看成幸福的沃土,他们感谢自己曾经贫穷的经历。因为贫穷,他们不得不进取,他们获得了致富的强烈愿望。因为贫穷他们不得不学习,因此获得了致富的本领。因为贫穷,又因致富的愿望十分强烈,他们不得不冒险,他们因冒险而成功,所以,把贫穷看成是自己幸福的沃土。

日本绳索大王岛村芳雄当年不光是一个穷光蛋,而且背着很重的家庭负担。当时,他只是东京一家包装材料店的店员,薪金只有1.8万日元,还要养活母亲和3个弟妹。因此,他时常囊空如洗。但他并不因此就屈服于命运,他时刻都在寻找一个机会作为成功的突破口。

有一天,他在街上漫无目的地散步时,发现那些女性们,无论是花枝招展的小姐,还是徐娘半老的妇人,除了带着自己的皮包之外,都还提着一个纸袋,这是买东西时商店送给她们装东西用的。岛村芳雄看到,这样提纸袋的人越来越多了。这样,岛村芳雄整个的心就被纸袋占住了。两天后,他赶到一家跟商店有来往的纸袋工厂参观。果然,正如他所料,工厂忙得不可开交。参观之后,他怦然心动,毅然决定无论如何非大干一番不可。将来纸袋一定会风行全国,纸袋绳索的生意现在还没什么人做,涉足这一行是错不了的。岛村芳雄这样想。岛村虽然雄心勃勃,但身无分文,无从下手。这个难题也没有难倒他,他决定到各银行试一试。一到银行,他就对纸袋的使用前景,纸袋绳索制作上的技巧,他的原价推销法及事业的展望等说得口干舌燥,但没有一家银行对他的构思感兴趣,甚至有的银行以对待疯子的态度来对待他。后来,他决定把三井银行作为目标,连续不断地前去展开波状攻击。

精诚所至,金石为开,3个月后,到了他第69次登门时,对方竟被他那百折不挠的精神感动了,答应贷给他100万日元。当朋友和熟人知道他获得银行贷款100万日元后,纷纷借钱给他。就这样,岛村芳雄很快就筹集了200万日元的资金。于是,他辞去了店员的工作,设立凡芳商会,开始绳索贩卖业务。他深信,虽然他的条件比别人差,但用自己新创的"原价推销商法"干下去,一定能在竞争激烈的商业界站稳脚跟。

首先,他前往产麻地冈山的麻绳厂,将该厂生产的每条45厘米长的麻绳以5角钱大量买进,然后按原价转卖东京一带的纸袋工厂。这种完全无利润反赔本的生意做了1年之后,"岛村的绳索确实便宜"的名声远扬,成百上千的订货单就从备地源源而来。接着,岛村按部就班地采取他的行动。他拿着购物品收据前去订货客户处诉说:"到现在为止,我是没赚你们1分钱,如果这样让我继续为你们服务的话,我便只有破产这条路可走了"。客户为他的诚实所感动,心甘情愿地把交货价格提高为5角5分钱。同时,岛村又到冈山找麻绳厂的厂商商洽:"您卖给我每条5角钱,我是一直照原价卖给别人的。因此才得到现在这么多的订货,如果这样无利而赔本的生意让我继续下去的话。我只有等关门倒闭了。"冈山的厂商一看他开给客户的收据存根,大吃一惊,像这样自愿不赚钱做生意的人,他们生平头一次遇到。于是就不加考虑,一口答应供给他的麻绳每条只收4角5分钱。如此每条赚1角钱,每天的利润就有100万日元。创业2年后,他就名满天下,同时把凡芳商会改为公司组织。创业13年后,他每天的交货量至少有5000万条,其利润实在难以计算。现在的袋子绳索更是讲究,有塑胶带、缎带、绢带等,每条卖价5日元左右。这些高级品的利润更为可观。几年间,岛村就从一个穷光蛋摇身变成了日本的绳索大王。

其实,富人并非一开始就富有,即便是富家子弟,他们的祖上绝大部分都是穷人,即使是出身富贵的人,祖上也不可能世世富贵。历史上或者现实中,从穷人变成富人的人比比皆是,为什么他们能成为富人? 因为他们把贫穷当做了幸福的沃土,将贫穷当成了自己奋斗的原动力。

平庸者把贫穷视为厄运的象征和苦难的源泉,而卓越者却把贫穷变成了自我创富的愿望和动力。这种愿力是一种明确的意愿和无坚不摧的欲望所表达出来的力量。正如《乱世佳人》中的女主角郝思嘉在因为战争毁于一旦的家园面前,面临着贫穷和饥饿的困境时发下的誓言:"上帝为我作证,北佬休想将我整垮,等熬过了这一关,我决不再忍饥挨饿!"而最后,她战胜了一切困难,又重新站了起来,这就是愿望的力量。

将贫穷作为自己成功的反面激励,没有摆脱贫困的强烈愿望,没有坚不可摧的创富欲望,远大的创富目标便永远不可能达到。人的欲望愈强大,目标就愈接近,正如弓拉得愈满,箭头就飞得愈远一样。在成功的创富道路上,是没有困难和不幸能够阻挡创富的脚步的。有了明确高远的目标,又有火热的、坚不可摧的欲望力量,必然产生坚定有力的行动。一个人只有不畏艰难,不轻言失败,信心百倍,朝着既定目标永不回头,才会在有生之年成功地创造出财富。

当然,仅仅有强烈的致富愿望还不够,还要将目标具体化,必须将自己要获得的财富的目标和数字确定下来。比如说,30 万、100 万还是 200 万,百万富翁、千万富翁还是亿万富翁? 必须把自己的财富目标用数字明确地确立下来。

制订远大目标后,还应当有相应的近期目标和中期目标,从近期到中期到远期,逐步推进,让自己切实感受到财富的积累过程,贫穷的环境逐步改变,这也是一个富人成就感的最大源泉。

魔力悄悄话

绝大多数富人都特别喜欢回忆起自己白手起家的过程,因为这是他们将贫穷转化为幸福沃土的动力所在,也是他们有着最大成就感的地方。在这一过程中,成功创富的希望逐步明确,最终成为富人的目的也就能够达到了。

要知难而上，拥有坚决的执行力

吴以钢是一个敢于知难而战的律师，对于原则问题，重大问题，是非问题，他毫不含糊，决不在原则问题上妥协。在他接手的案子中，有一家制药企业的供应处长因人举报而涉嫌受贿，双规后被检察院起诉。而受贿的物品只不过是几盒点心、一包茶叶和两万元现金。吴以钢律师接手这个案子后很快发现，这个送礼的人与处长私交很深，两家人往来频繁，子女结婚都互送礼品，家人生病也会互相探望，处长还把闲置不用的家具赠送给对方。这些情况让吴以钢觉得这件受贿案有些蹊跷。于是他深入企业做了认真调查。从中他了解到这名处长在工作中为企业节约了采购成本2亿元，有突出业绩。他为了盘活企业资产，甚至要求那个"行贿"的朋友帮助他处理库存积压产品。吴以钢认为，举报行为很可能源自企业内部的人事矛盾。于是，他决定见一见控方证人——这名处长的朋友。果然，这个控方证人推翻了证词，称检察官在询问时限制了他的人身自由，并且3天不让他睡觉，在不得已的情况下他违心地做了不利于处长的证词。这时，有好心人劝吴以钢律师不要太较真，检察机关也传出消息，说有人对律师"骚扰"证人大为不满。但吴以钢顶住了压力，收集了大量对处长有利的证据，坚持按自己的思路进行了无罪辩护。最终，法庭判决对处长免予刑事处罚。

卓越者之所以卓越，是因为他们敢于知难而战。大凡有志之人，无论身处什么险境，只要心里有宏伟的目标，就会有永不枯竭的动力和永不气馁的行动。

平庸者知难而退，卓越者知难而战。平庸者害怕问题，卓越者敢于面对问题，勇敢地去解决问题。

李阳是"疯狂英语"的创始人。他在中学的学习成绩并不好，因对学习失去信心曾多次有退学的想法，1986年勉强考入兰州大学工程力学系。大学一二年级时，李阳多次补考英语。为了彻底改变英语学习成绩差的状况，李阳摒弃了偏重语法训练和阅读训练的传统学习方法，而是另辟蹊径，从口语突破,他把考试题变成朗朗上口的句子,然后训练得能脱口而出。就这样坚持了 4 个月,1988 年大学英语四级考试时,李阳获得全校第二名的好成绩。

在不断的实践摸索中,李阳总结出集"听说读写译"于一体的学习方法。这种方法是英语的素质教育和传统考试的完美结合。人们把他的这种学习方法称为"疯狂英语"。1989 年,李阳首次成功地公开发表演讲介绍这套方法,并开始应邀到各大、中学校传授疯狂英语。多年来,许多大学生、中学生运用这套方法提高了自己的托福、四六级和高考成绩。

李阳自己用这种方法练就了一口非常地道的美语,他配音的广告在香港和东南亚电视台广泛播送。1993 年底,中美关系处于紧张状态时,李阳担任了美国众议院外交委员会首席顾问理查德·布什先生关于"克林顿当选总统以来美国对华政策的制订过程"重要演讲的现场口译,获得了中美双方的高度赞赏,美国外交委员会还就此事特别给李阳发了感谢信。

国内外 100 多家报纸、杂志,数十家电视台、广播电台都报道了李阳的事迹和方法,疯狂英语风靡全国。可以说李阳在英语教育和人生激励方面都做出了卓越的贡献,国内外传媒和广大英语学习者称誉他为"英语播种机"和"人生激励导师",在获得美誉的同时,李阳也获得了丰厚的财富。

从一个英语不及格的年轻人到全国都以他为学习英语的榜样,从李阳的成功我们可以看出他面对困难时不轻易妥协的精神。

平庸者和卓越者的距离,不仅体现在春风得意的时候,更多是体现在逆境中。平庸者在逆境中,看到的是自己身边所有的不利因素,他们多数会选择放弃,回到原来的老路上去,不为别的,只因为那里安全,没有风雨。

卓越者在逆境中,多数会选择逆流而上,他们会在挫折和困境中积极地寻找机遇。他们知道,不利和有利永远都是相辅相成的。那梦寐以求的成功,就在困难的不远处,只要去发现,去改变,去挑战,就会找到惊喜。

人生就是这样,一个人在自己最落寞的时候,还能非常认真地对待自己,对待工作,就算是什么也不懂,还是这样去做。李阳当初英语考试不及格时恐怕也不曾想过未来会把英语当成自己的事业,但他没有放弃英语的学习,而且还努力寻找了一套适合自己的方法,最后,他成功了。

每个人的心里都有梦想。问题是,为了它你肯付出什么样的代价。而当你得知,通往梦想的路上会充满荆棘,你会选择勇往直前,还是黯然离场?很多人往往会关注对于梦想的树立,而忽略过程的艰辛。特别是当面对一个看似无望的现实时,能有多少人会坚持,而又有多少人会放弃呢?人生伟业的建立,不在能知,而在能行。平庸者总是把安逸平静的生活当作习惯,困难太大成为他们逃避的借口。卓越者在任何情况下也不为自己找借口,他们知道再完美的借口也不起任何作用。他们要找的是解决问题的办法和总结失败的经验教训。

电影《阿甘正传》中有这样一段经典的台词,"人生就像一盒巧克力,你不会知道你将拿到哪一种"。电影中的阿甘走了一条看似简单的道路——上帝给什么我就吃什么,即使是苦的也心甘情愿。而生活中大多数人却在上帝给的巧克力中挑来挑去,如果不幸挑到苦的,宁愿放弃也不肯吃下去。

平庸者做任何事情都怕失败,不但没有坚定的信念和恒心,做事也是三天打渔两天晒网,或是遇到了一点困难就打退堂鼓,这样的人结果肯定是必败无疑。相反,卓越者做事都有坚定的信念,有自己清楚的奋斗目标,即使失败也不轻言放弃,他会朝着一个方向不懈地努力追求,不怕任何艰难困苦,不惜任何代价。没有什么事来得容易,也并不是努力就能够确保拥有什么,这实在是唯一可能的选择,也是唯一重要的东西。

要相信世界上没有一种不通过煎熬、忍受和奋斗就可以征服的命运。

也许我们知道的艰辛奋斗的故事太多了,心底里只当它是个故事,行动上却依然麻木!我们忘记了当初的誓言!然而,现实比想象要残忍许多。关键是要自己懂得把握自己的生活,有自己的目标。自己不去改变,那么自己永远都是平庸者。如果自己知难而战,积极克服人生路上的每一个困难,那么我们终会化蛹为蝶!

魔力悄悄话

成功在艰难中孕育的道理人人都懂,但平庸者依然想当公务员,进事业单位和国企,想将自己置身于自认为安宁的环境中。面对身边可能成功的机会,他们不屑一顾,不愿付出。平庸者最大的悲剧在于,当看不到结果的时候就放弃。

回避不是解决危机的办法

人们往往不是被外在的危机击败,往往败于内心深处信心的丧失。

傍晚,在一家俱乐部,老板格林先生正在和他的员工们庆贺他的生日。在生日舞会开始之前,格林先生开始接受员工们的祝贺。

他突然意识到没有见到工作一向认真负责的汤姆。他环顾四周,确信自己没有发现汤姆。

他开始大声地问大家:"我们的汤姆先生来了么?"

大家也开始环顾四周。

"这里没有汤姆啊。"

"是的,汤姆的确没有来。"

"是啊,汤姆为什么没有来呢?"

"难道他最近受过老板的批评?"

"这不可能。"

"他突然有急事了?"

"如果他有急事,也应该打个电话啊。"

"这不符合汤姆的做事风格。"

一时间,大家纷纷猜测起来。本来,气氛活跃的场面,因为汤姆的缺席增添了几分遗憾。

"好了,大家开始舞会吧,我想,汤姆一定是有什么急事了。"格林先生说道。

立即,音乐响起来,在热烈的音乐、闪烁的灯光和旋转的舞步中,大家忘记了汤姆。

第二天早上,公司的职员陆续来到单位上班。当一个人打开冷藏车的车厢门,赫然发现汤姆倒在地上!

"不好,汤姆昏死在这里了!"

"赶快报告格林先生!"

格林先生很快来了，他简直无法相信他的眼睛，可这的确就是事实。"赶快送医院！"他连忙吩咐大家。

大家将汤姆送去急救，但已经无法挽救他的生命了。

汤姆的手掌红肿，喉咙红肿，其他器官和部位没有任何病变的迹象。根据检查结果，一名医生推测：

"汤姆不小心被关在一个待修的冷藏车里。恐惧之下，汤姆在车厢里拼命地敲打、叫喊，但全公司的人都走了，根本没有人听得到。汤姆的手掌敲得红肿，喉咙叫得沙哑，也没有理睬，最后只好颓然地坐在地上喘息。然后，车厢里的温度越来越低，汤姆逐渐失去知觉，并结束了自己的生命。"

"这不可能！"

"难道我的推测有什么不符合逻辑的地方吗？"

"是这样的。"

"哦？"

"谈谈你的看法。"

"我发现冷藏车里的冷冻开关根本没有启动，这巨大的车厢内有足够的氧气供人生存，更令人纳闷的是，里面的温度一直是十几度，汤姆的尸体也未出现冷冻的迹象，但汤姆竟然给'冻'死了！真让人不可思议。"

"哦，我的推测疏忽了这一点。"

"如果是这样，汤姆一定是死于极度的恐惧。其实，汤姆并非死于车厢内的'零度'，他是死于心中的冰点。"另一名医生补充道。

"我同意您的观点，汤姆做事倒是一向认真负责，不过有个缺点，就是缺乏自信，常以否定、怀疑的眼光去看世界。"格林先生说道。

对于这个结论，其他医生和员工纷纷表示赞同。

在最危急的情况下，如果怀着自信，事情仍然有向积极方向转变的机会，如果放弃自信，那么，连一丝机会也不会有了。

所以，面对危机，着急没有用，只有积极想办法去化解。

约翰是一家公司的总裁，平时非常忙碌，突然有一次出国的机会，他携太太一同前往。刚到了异国他乡，突然接到一个电话，说自己家的宝贝儿子被绑架了，绑匪要求赎金 100 万美金。

夫妻二人连忙乘飞机赶回去，经再三考虑，他们感觉这样的案件交给警方处理还是比较安全的，于是他们就报警求助。不幸的是，歹徒好像已经洞悉警方的所有侦察手法，他们对于警方的行动了如指掌，因此警方始终无法救出约翰的小孩。

经过几天的煎熬,在他们眼里,钱已不算什么,只要能保证自己的儿子能安全回来,让他们拿多少钱都可以,所以约翰决定答应歹徒的要求交付100万美金。

由于他们夫妻二人曾经报警,这个案件已被媒体得知,电视里正在报道他的小孩被绑架的新闻,还分析说:"从过去的记录来看,这类案子中,即使歹徒得到了赎金,人质安全回来的概率还是很小。"

约翰又犹豫了,万一像电视上所说的那样,绑匪拿到100万美金以后仍不放自己的儿子,结果落个人财两空那就更糟糕了。他越想越感觉只靠自己拿这100万美金递到绑匪手里,而自己安然无恙地抱回自己的儿子是不可能的。

突然,约翰想:"既然这样,我何不把这笔100万美元赎金变成赏金,发动全市的人来帮我救儿子。重赏之下必有勇夫,也许我的儿子获救的机会更大一些"

打定主意之后,他就直奔电视台,他利用新闻局早报的时间,在电视上公开向大众宣布他的儿子被绑架的事件,他希望大家能帮忙救出他的小孩。说罢,约翰把100万美金全部倒在主播台上,然后对大家说:"只要谁能帮我救出我的孩子,这100万的赎金就成为悬赏的奖金。"

约翰倒出的那100万美元,对于电视前的观众具有很强的诱惑力,他的这一举动就连绑架约翰儿子的歹徒都没有想到。这些绑匪看了约翰把赎金变赏金的报道后,更是不知所措。

有的歹徒提议说:"约翰现在把赎金变赏金,咱们不如把小孩送回去,并假装是救出小孩的英雄,这样咱们不但可以拿到100万的赏金,况且还可以免去绑架小孩的罪名。"

而歹徒的首领却坚决反对把小孩送回去。

本来他们的行动目标是一致,可是这下子听说全市的人都有可能来参与这个案件,他们不寒而栗,觉得被捉住是迟早一天的事。

他们心里开始发虚,而下一步解脱的意见又不一,且互相争执,最终起了内讧。他们的内斗刚好惊动了附近的邻居,于是有人报警了。

警方发现这些歹徒竟犯了绑架案的绑匪,于是将他们绳之以法,并成功地救出了约翰的儿子。

面对儿子被绑架的危机,约翰勇敢地变赎金为赏金,结果,他不战而胜,成功地解救出了自己的儿子。

反思约翰的经验，我们不难得出化解危机的一些经验：

●不要被危机吓倒。这样，自己才有机会去面对危机，提出问题。

●不要着急，努力使自己平静下来，以旁观者的心态分析危机。正确分析导致危机的各种原因，针对根本原因和每一个具体原因找解决方案。

●解决问题时，一定会遇到压力和困难。只有迎难而上，坚持到底，才能证明自己的方案是否有效。如果轻易放弃，可能就错过了解决问题的大好机会。

●认真寻找危机真正的原因，然后针对自己的推测尝试新的解决方法。

●百折不挠，不断地尝试努力，问题最终会得到解决。

●如果独立解决不了，就求助于他人，求助于专业人员。

魔力悄悄话

一名乐观者往往比悲观者成功的机会大得多。而乐观者之所以成为乐观者，是因为他们自信自己能够战胜困难，摆脱困境。悲观者在每次危机中只看见了困难，而乐观者在每次危机中都看见了转机，他们积极去化解危机，结果，危险变成了机遇。

多找原因少找借口是执行的保障

没有人能够做到一辈子不犯错误,不遭遇挫折和失败。然而,人们对待挫折和失败的态度却截然不同。

平庸者失败后喜欢找借口:"我已经努力过了,现在已经无路可走,那就这么算了吧。"于是,平庸者放弃了原有的坚持,为自己找了成千上万的理由,开始理所当然地当起了平庸者。

卓越者面对失败并不气馁,总是千方百计寻找自己究竟错在哪里了,想办法走出困境,不断尝试新的解决问题的方法。于是他们尝试着继续向前,成功之门终于被开启了。

赵孙立曾经是个环卫工人,24 年后,他成了全国知名的"化纤女裤大王",只是这其中的酸甜苦辣咸只有他自己最能深切的体会得到!

怀揣着身上仅有的 500 块钱,赵孙立开始了自己的艰辛创业,经过 12 年的努力奋斗也可以算得上是事业有成,然而就在自己的事业突飞猛进时,一场大火毁掉了他的一切。

"当时就感觉好像世界末日一样,将自己关在家里闷了好几天。"上天和他开了如此一个致命的玩笑,可是他没有妥协,擦一擦眼泪,重整旗鼓。于是也就有了赵孙立今天的娅丽达公司。

《从头再来》中唱得好:"看成败人生豪迈,只不过从头再来……"每个人都有成功、失败的权利,关键在于如何用正确的价值观去看待它们。一场考试后,好学生总是在找原因,为什么会出现错误,然后对症下药避免同类的错误继续发生,争取更好的成绩;差生则总是在不停地安慰自己,"你看××都错了,我犯这点小错也是应该的。"

当初小小的自我安慰,如果不加以正确的引导就会越来越膨胀,于是一旦失败了,各种理由就像是潮水般纷纷涌出来。当借口真的成为习惯,那就像是染上了毒瘾,想戒掉都难了。

无论是平庸者,还是卓越者,做事情都有可能遭遇失败。不过,他们对待失败的态度不同。平庸者失败过后,第一件事情就是在找借口,为自己找借口,为失败找借口。借口是轻而易举便能找到的,然而正是这借口令穷人心安理得地接受失败,名正言顺地选择放弃,继续着穷人的身份。

"这次的失败只是巧合""人倒霉的时候做什么都不如意,再等等吧""或许我并不适合,那就放弃吧"……一句句安慰自己的话在耳边回响,它们像镇静剂一样,好想被赋予了某种力量,理直气壮地为自己开脱,一次的开脱就像是一层地狱,当他们走进那无底深渊的时候,他们也就只有老老实实做穷人的份了。

"经营之神"王永庆的传奇一生充满了挫折,然而他却用自己惊人的信念不畏艰辛地创造出了财富的奇迹。

当时王永庆所在的乡下,每家每户都会饲养一些家禽以便换些钱补贴家用,但是因为没有足够的粮食,家禽只能靠着一些野菜和野草充饥,最后生长得极其瘦弱,也卖不了什么好价钱。

于是一个想法开始不停地敲打着王永庆,"如果能够找到饲料喂养它们,使它们强壮起来就好了。"

通过观察,王永庆发现农民们总是将一些菜根和菜叶扔在菜园子里,于是他雇人把这些可利用的资源回收回来,再从碾米厂买回稻壳和碎米,将它们都混合在一起就制成了饲料。接着,王永庆又开始到处向农民收购那些瘦弱的鹅,将它们集中起来饲养。就这样,那些原本很瘦的鹅都变得又肥又大。

饲养瘦鹅的经验令王永庆清晰地了解到,自己也要像这瘦鹅一般,要忍受得了饥饿,只有这样才会磨炼出不同于常人的意志力与承受力,只要自己可以把这段困苦的时期度过,那么往后的日子也会如瘦鹅般快速强壮起来。这便是富人的性格——能在遭受挫折之后迅速地清醒过来,找准方向对症下药,而不是一味地怨天怨地。

不光如此,王永庆还从养鹅的经验中发现,如果在某一行业做得不成功,不要简单地怪罪是这个行业不成,它的成功完全取决于你所采取的是哪一种方法。在出现错误失败的时候,富人首先想到的都是自身的原因,想想究竟自己做错了什么,问题出在哪里。穷人则永远将问题向外抛,这时的他们从不会先想到自己。

领悟到这些的王永庆开始了新的创业历程,之后他更是尝试木材行、生产 PVC 塑料粉等领域,为自己一点一点地积累资金,为自己日后的塑料王国积累了更多宝贵的经验。他有自己坚定的信念,有自己清楚的奋斗目标,即使面对失败也不会轻言放弃,他会朝着一个方向不懈地努力追求,不怕任何艰难困苦,不惜任何代价。相反,穷人在摔倒之后,只会一直沉迷在伤痛之中,为自己站起来会再摔倒找无数的理由,因为没有那份足够强硬的信念,他们总是三天打鱼两天晒网,遇到一点困难就打退堂鼓,试想一下,这样的人怎么会成功?

"内地首富"刘永好当初也是个孵小鸡、养鹌鹑和培育蔬菜种的能手,然而想不到的是,他差点儿因此丢掉了性命。

那是1984年4月的一天,刘永好和他的兄弟们接手了一单10万只小鸡的订单,于是被冲昏了头的刘家兄弟马上借了一大笔资金购买了10万只种蛋,可是令他们做梦也没有想到的是,当2万只小鸡孵出来交给买方的时候,谁料人家早已经跑了。

走投无路之下,刘家兄弟琢磨着究竟是要从岷江的桥头跳下去还是就此亡命天涯,还真有点"风萧萧兮易水寒,壮士一去兮不复还"的感觉。

最终,他们还是决定留下来,不死、不逃、不躲,实实在在地去正视、解决目前棘手的问题。

人就是这样,当被逼到绝境的时候便会释放出无限的潜能,当你坚持到不能再坚持、执着到不能再执着的时候,事情往往就成了。刘家兄弟开始将小鸡仔放在编好的竹筐中拿到农贸市场去卖,连续着十几天,每天都是凌晨4点起床,他们要蹬上3个小时的自行车,赶20公里的路来到农贸市场,扯着嗓子叫卖,虽然这段日子简直可以用非人的生活来形容,但是剩下的小鸡竟全部都卖完了。

在经历了自己商业人生的第一次磨难之后,刘永好内心瞬间变得成熟、坚强起来,为他之后跻身富人行列起到了很好的推波助澜作用。

逆境中的平庸者只是一味找借口,深陷沼泽的他们越是挣扎,到头来只会越陷越深,无法自拔;逆境中的卓越者则会冷静忍耐,一旦找到机会,便会不惜一切代价去寻找解决问题的办法,去补救,去改变。这便是平庸者与卓越者的差距,平庸者总是在失败后找着各自的借口,卓越者则是在失败后寻找原因,于是二者间的差距越来越大。

● 面对眼前的问题,你是否在找借口?如果是,那就立即停止找借口。

● 从自身找原因,思考自己应该做出哪些改变。即使是外在的原因,也需要自己去改变。

●鼓励自己永不放弃,坚持下去总有希望。

●不断尝试新的策略和方法。

●如果一个项目已经完全没有希望做起来,一个办法已经被事实证明完全失败,那就寻找新的机会和新的方法。

魔力悄悄话

卓越者失败后,永远都不会为自己找借口,他们明白,再完美的借口也不过是一句废话,起不了任何作用。他们明白失败并不可怕,可怕的是不知如何去面对失败,唯有努力找到解决问题的办法、总结失败的经验教训才是正确之道。

第十二章

时间管理

所谓时间管理，是指用最短的时间或在预定的时间内，把事情做好。时间管理所探索的是如何减少时间浪费，以便有效地完成既定目标。时间是指从过去，通过现在，直到将来，连续发生的各种各样的事件过程所形成的轨迹。有效的时间管理可以让企业提高工作效率，减少管理成本，在规定时间内完成超额的任务。有效的时间管理可以让员工自己掌握正确的时间管理技巧，制定适合自己的时间管理计划，拥有充分的个人休闲时间。

把握好执行时的节奏

在我们日常的工作和生活中,除了每天能力状态的规律性波动之外,我们还可以观察到较长时间段里的生理节奏。在低点周期和临界日,我们养精蓄锐,放松休息,多做重复性工作、回避不愿见的人和令人头疼的问题。与此相反,在高点周期则要大干一番! 这时候适宜作出决定,重新部署工作,贯彻自己的意图。

管理好自己的生理节奏,可以让我们更好地掌握自己的时间和身体,享受更轻松、更简单的工作和生活。

那么,究竟什么是"生理节奏"呢? 看过下面这个生活中的小例子我们就会明白了。

汤米睁开了眼睛,才不过清晨 5 点钟,他便已精神饱满,充满干劲。另一方面,他的太太却把被子拉高,将面孔埋在枕头底下。

汤米说:"过去 15 年来,我们俩简直几乎没有同时起床过。"

像汤米夫妇这样的情况,并非少见。

我们的身体像个时钟那样复杂地操作,而且每个人的运转速度也像时钟那样彼此略有不同。汤米是个上午型的人,而他的太太则要到入夜后才精神最好。

一位大学赛船冠军队队长曾说过:"我们的教练常常提醒队员说:'要想赢就得慢慢地划桨。'如果划桨的速度太快的话,就会破坏船行的节拍,一搅乱节拍,再恢复正确的速度就很难了。"同样,我们要做好工作与生活的协调,就要注意用好自身的节奏。

很久以来,行为学家一直认为人体生物钟方面的差异主要是个人的怪癖或早年养成的习惯。直到 20 世纪 50 年代后期,医生兼生物学家赫森提出了一项称为"时间生物学"的理论,此一见解才受到挑战。赫森医生在哈佛大学实验室中发现某些血细胞的数目并非整天一样,视它们从体内产生的时间不同而定,但这些变化是可以预测的。细胞的数目会在一天中的某个时间比较高,而在 12 小时之后则比较低。他还发现心脏新陈代谢率和体温等也有同样的规律。

赫森的解释是,我们体内的各个系统并非永远稳定而无变化地操作,而是有大约一个周期,有时会加速,有时会减慢。赫森把这些身体节奏称为"生理节奏"。

时间生物学的主要研究工作,现在全部由美国太空总署主持。罗杰斯就是该署的一位研究生理学家,亦是一位生理节奏学权威,据他说,在大多数太空穿梭飞行中,制定太空人的工作程序表时都应用了生理节奏的原理。

这项太空时代的研究工作有许多成果可以在地球上被采用。例如,时间生物学家可以告诉你,什么时候进食可以使体重不增反减,一天中哪段时间你最有能力应付最艰苦的挑战,什么时候你忍受疼痛的能力最强而适宜去看牙医,什么时候做运动可以收到最大效果。罗杰斯说:"人生效率的一项生物学法则是:要想事半功倍,必须将你的活动要求和你的生物能力配合。"

你可以利用生理节奏规律来帮助你。但是,你首先必须知道如何去辨认它们。

罗杰斯和他的同事们已研究出以下这套方法,可以帮助你测定自己的身体规律:

早上起床之后一小时,量一量你的体温,然后每隔 4 小时再量一次,最后一次测量时间尽量安排在靠近上床时间。一天结束时,你应该得到 5 个体温度数。

每个人的变化不同而结果亦异。你的体温在什么时候开始升高? 在什么时候到达最高点? 什么时候降至最低点? 你一旦熟悉了自己的规律之后,便可以利用时间生学家的技术来增进健康和提高工作效率。

我们的生理节奏到达最高峰的时候,做体力工作便会得到最佳的成绩。对大多数人来说,这个最高峰大约持续 4 小时。因此,你应该把花费气力的活动安排在体温最高的时候进行。

至于从事脑力活动的人,时间表则比较复杂。要求准确性的任务,例如教学工作,最好是在体温正向上升的时候去做。大多数人体温上升时间是在早上 8 时或 9 时,对比之下,阅读和思考则在下午 2 时至 4 时进行比较适宜,一般人的体温在这段时间会开始下降。

虽然每个人都有自己不同的生理节奏,每个人的高峰和低谷时间也各不相同。但是我们要用好自己的生理节奏,有一个习惯是不能忽略的,那就是养成早睡早起的习惯,对于那些朝九晚五的上班族来说,这种习惯显得更加重要。

被人们称为时间管理大师的哈林·史密斯曾经提出过"神奇3小时"的概念,他鼓励人们自觉地早睡早起,每天早上5点起床,这样可以比别人更早开始新的一天,在时间上就能跑到别人的前面。利用每天早上5~8点的"神奇的3小时",你可不受任何人和事的干扰做一些自己想做的事。每天早起3小时就是在与时间竞争,你必须讲求恒心,养成早起的习惯,以后你会受益无穷。

仔细研究一下,早睡早起除了哈林·史密斯所提到的"神奇3小时"的好处之外,还有以下一些好处:

1. 获得内心的平静

已故诺贝尔和平奖得主特蕾莎修女曾说过,现代生活在都市的人最缺乏的、最渴望的就是"心灵的平静"。而早睡早起,利用早上神奇的3小时想些问题、做些重要工作,这样往往可以捕捉到都市喧嚣忙乱背后的宁静时刻。

2. 规划一天工作

"一日之计在于晨",清晨往往是你精神最集中、思路最清晰、工作效率最高的时候。在这段时间里,绝对没有人或电话来骚扰你,你可以全心全意做一些平日可能要花上好几个小时才能完成的工作或事务,规划一下未来的工作,并且可以取得很好的成效。

3. 培养自律

养成早睡早起的习惯,可以使你一天精力充沛,更能增强你的信心,考验你的自律,为你建立一个正面的"自我概念"。

4. 调息身心

当然早睡早起并不是苛刻地剥削我们的睡眠时间,正好相反,早睡早起只是将我们的睡眠及起床时间略微调整,而这正是高效率利用时间的要求。如果我们在晚上10点睡觉、早上5点起床的话,我们的睡眠时间仍然是7个小时。而一般人如果在午夜12点入睡,早上7点起床的话,他们的睡眠时间也同样是7个小时而已。

所以我们在这里提倡早睡早起,运用"神奇的3小时"这一概念,只是非常有策略性地将休息和工作的时间对调了一下，我们将晚上10点至午夜12点这段本是用来看电视、看报纸、娱乐、应酬的时间用于睡眠，而早上5～8点这段本应用做睡眠的时间，则用来做一些更重要的事情。这个调整也符合大部分人生理上的节奏和规律。

魔力悄悄话

　　通过生理节奏管理，我们可以解读体内的"生物钟"，了解其规律，通过主动调整，使自己的能力与其自然波动相适应。

执行过程中要注意节约时间

每一个成功者都非常珍惜自己的时间。无论是老板还是打工族,一个做事有计划的人总是能判断自己面对的顾客在生意上的价值,如果有很多不必要的废话,他们都会想出一个收场的办法。同时,他们也绝对不会在别人的上班时间,去海阔天空地谈些与工作无关的话,因为这样做实际上是在妨碍别人的工作,浪费别人的生命。

在美国近代企业界里,与人接洽生意能以最少时间产生最大效率的人,非金融大王摩根莫属。

摩根每天上午 9 点 30 分准时进入办公室,下午 5 点回家。有人对摩根的资本进行了计算后说,他每分钟的收入是 20 美元,但摩根说好像不止这些。

所以,除了与生意上有特别关系的人商谈外,他与人谈话绝不超过 5 分钟。

通常,摩根总是在一间很大的办公室里,与许多员工一起工作,他不是一个人待在房间里工作。摩根会随时指挥他手下的员工,让大家按照他的计划去行事。

员工走进他那间大办公室,是很容易见到他的,但如果没有重要的事情,他是绝对不会欢迎任何人的。

摩根能够轻易地判断出一个人来接洽的到底是什么事。与他谈话时,一切转弯抹角的方法都会失去效力,他能够立刻判断出来人的真实意图。这种卓越的判断力使摩根节省了许多宝贵的时间。有些人本来就没有什么重要事情需要接洽,只是想找个人来聊天,而耗费了工作繁忙的人许多重要的时间。摩根对这种人根本不予理睬。

从摩根的事例中,我们可以悟出一个道理:节约时间实际上是在为自己赚钱。

一名员工要高效率地完成工作,就必须善于利用自己的时间。能否对时间进行有效的管理,直接关系到员工工作效率的高低。时间是有限的,不合理地使用时间,计划再好、目标再高、能力再强,也不会产生好的效果。浪费时间就等于浪费企业的金钱。

没有什么比时间重要,也没有什么比准时更能节省你自己和他人的时间。然而,在职场中有许多员工因为不准时而失去了赚钱的机会。

陈莹是一家广告公司的职员,每天辛辛苦苦在外面招揽广告业务。一次,在陈莹的再三恳求下,一家科技公司的经理答应约她在星期一上午10点到自己办公室去,与她面谈广告合作业务。

陈莹星期一去见这个经理的时候,比约定时间晚了20分钟,到达经理办公室时经理已不在办公室了。陈莹大为恼火,埋怨经理不守信用,欺骗自己。

过了几天,陈莹在外面巧遇经理。经理问她那天为什么不准时来。

陈莹振振有词地说:"先生!那天我是10时20分到的。"

经理马上提醒她:"但我是约你10点来的呀?"

陈莹心里并不服气,她以狡辩的语气回答说:"是的,我知道,我只迟到20分钟有什么要紧呢?你应该等我一下嘛!"

经理很严肃地说:

"怎么无关紧要呢?你要知道,准时赴约是极重要的事情。你不能准时,你已失去你向往的那笔广告业务。因为就在当天下午,公司又接洽了另一个广告公司。现在我要告诉你,你不能认为我的时间不值钱,以为等一二十分钟不要紧。老实告诉你,在那一二十分钟的时间里,我还预约了两件重要的谈判项目呢!"

陈莹因为浪费时间太多,没有养成准时做事的习惯,从而失去了已经落入手中的赚钱的机会。

要想为企业、为自己赚更多的钱,就必须养成守时的习惯,按时完成任务,改变对时间漠视的态度。

员工应该主动地把握时间、规划时间、管理时间,让有限的时间发挥更大的效用。

一位作家在谈到"浪费生命"时说:

"如果一个人不争分夺秒、惜时如金,那么他就没有奉行节约的生活原则,也就不会获得巨大的成功。而任何伟大的人都是争分夺秒、惜时如金的。"

"浪费时间是生命中最大的错误，也是最具毁灭性的力量。大量的机遇就蕴含在点点滴滴的时间之中。浪费时间是能毁灭一个人的希望和雄心！它往往是绝望的开始，也是幸福生活的扼杀者。年轻生命最伟大的发现就在于时间的价值……明天的财富就寄寓在今天的时间之中。"

魔力悄悄话

假如你想成功，就必须认清时间的价值，认真计划，准时做每一件事。这是每一个人只要肯做就能做到的，也是一个人能够走向成功的必由之路。如果你连时间都管理不好，那么，你也就不要再奢望自己能管理好其他的任何事物，更不要奢望金钱源源而来。

合理利用零碎时间

所谓零碎时间，是指不构成连续的时间或一个事务与另一事务衔接时的空余时间。这样的时间往往被人们毫不在乎地忽略过去。零碎时间虽短，我们把一辈子的零碎时间都加起来，一天、一个月、一年以至一生的积累，这些零碎的时间将是我们人生的1/3。如果我们可以充分地利用这些零碎时间，那么创造出来的价值将会超出一般人的想象。

吴华和朋友新开了一家公关咨询公司，一年接下约130个案子，她每年去各地旅行，有很多时间是在飞机上度过的。她相信和客户维持良好的关系是很重要的。所以她常利用飞机上的时间写短笺给他们。一次，一位同机的旅客在等候提领行李时和她攀谈，他说："我在飞机上注意到你，在2小时48分钟里，你一直在写短笺，'我敢说你的老板一定以你为荣。"吴华平静地回答"我就是老板。"

可见，我们不仅做事业上的老板，还要学会做时间的"老板"。

在实际生活和工作中不管你多么有效率，总是有机会让你等待：你可能错过公车、地铁、飞机，碰上出其不意的中途休息；你也许已经尽可能地小心计划每一件事，但是你可能意外地被困在机场，平白多了3个小时可利用。而所有成功人士在这种情况下所做的事是："我带本书，我写东西，我修改报告。我们可以在这样的时间里做任何的工作。"这样，你不但挖掘出了你隐藏的时间，而且你也向成功者的行列迈近了一步。

每个人每天都会有很多零碎的时间，把零碎时间合理利用起来，可最大限度地提高工作效率。充分利用零碎时间，短期内也许没有什么明显的感觉，但长年累月，将会有惊人的结果。

英国文学史上著名女作家艾米莉·勃朗特在年轻的时候，除了写作小说，还要承担全家繁重的家务劳动，例如烤面包、做菜、洗衣服等。她在厨房劳动的时候，每次都随身携带铅笔和纸张，一有空隙，就立刻把脑子里涌现出来的思想写下来，然后再继续做饭。

与之习惯相似的还有杰克·伦敦。在著名美国作家杰克·伦敦的房间，有一种独一无二的装饰品，那就是窗帘上、衣架上、柜橱上、床头上、镜子上、墙上……到处贴满了各色各样的小纸条。杰克·伦敦非常偏爱这些纸条，几乎和它们形影不离。这些小纸条上面写满各种各样的文字：有美妙的词汇，有生动的比喻，有五花八门的资料。杰克·伦敦从来都不愿让时间白白地从他眼皮底下溜过去。睡觉前，他默念着贴在床头的小纸条；第二天早晨一觉醒来，他一边穿衣，一边读着墙上的小纸条；刮脸时，镜子上的小纸条为他提供了方便；在踱步、休息时，他可以到处找到启动创作灵感的语汇和资料。不仅在家里是这样，外出的时候，杰克·伦敦也不轻易放过闲暇的一分一秒。出门时，他早已把小纸条装在衣袋里，随时都可以掏出来看一看，想一想。

这是成功者的秘诀，也是我们学习借鉴的好方法。

从一个青年人怎样利用他的零碎时间上、怎样消磨他冬夜黄昏的时间上，就可以预言他的前途。平庸的员工是看不到细碎如沙的零碎时间是可以建造一所城堡的，所以任凭自己零碎的时间从身边溜走，而毫无成就。优秀的员工却懂得把细碎的时间珍珠串成项链。所以，他们会抓紧一切可以利用的零碎时间为自己"充电"，经年累月下来，终使他们小有所获。

魔力悄悄话

凡是在事业上有所成就的人，几乎都是能有效地利用零碎时间的人。本杰明·富兰克林曾说过："世界上真不知有多少可以建功立业的人，只因为把难得的时间轻轻放过而默默无闻。"

赢取时间的十九个办法

1. 把该做的事依重要性进行排列，这件工作，你可以在周末前一天晚上就安排妥当。俗话说："凡事预则立，不预则废。"

2. 每天早晨比规定时间早 15 分钟或半个小时开始工作，这样，你不但树立了好榜样，而且有时间在全天工作正式开始前，好好计划一下。

3. 开始做一件工作前，应先把所需要的资料、报告放在桌上，这样将免得你为寻找遗忘的东西浪费时间。

4. 利用电话、电报、信件等，以节省时间。

5. 购买各种书籍，尽可能多地吸收知识，这样可增强你处事能力，减少时间浪费。

6. 把最困难的事搁在工作效率最高的时候做，例行公事，应在精神较差的时候处理。

7. 养成将构想、概念及资料存放在档案里的习惯，在会议、讨论或重要谈话之后，立即录下要点。这样，虽事过境迁，仍会记忆犹新。

8. 训练速读：想想看，如果你的阅读速度增快 2～3 倍，那么办事效率该有多高？这并不难做到，书店及外界都有增进你这些能力的指导训练书籍。

9. 不要让闲聊浪费你的时间，让那些上班时间找你东拉西扯的人知道，你很愿意和他们聊天，但应在下班以后。

10. 利用空闲时间：它们应被用来处理例行工作，假如那位访问者失约了，也不要呆坐在那里等下一位，你可以顺手找些工作来做。

11. 充分发挥你手提箱的功用：把文件有条不紊地排好，知道哪些东西在哪个位置上，这样可避免费时去找东西，更不会在与人洽谈时翻箱倒柜去查找。

12. 琐事缠身时：务必果断地摆脱它们。尽快地把事做完，以便专心致志地处理较特殊或富创造性的工作。口述时，只述重点，其余就让秘书或助手来替你做，只要使他们知道你期待他们做什么事就可以了。

13. 管制你的电话:电话虽然不可缺少,但如果完全被你太太或朋友占用了,那这工具岂非像一个被埋没的天才? 还有,在拿起电话前,先准备好每件要用的东西,如纸、笔、姓名、号码及预定话题、资料等。

14. 该做的事都放在桌上,以免遗漏。

15. 晚上看报:除了业务上的需要外,尽可能在晚上看报,而将白天的宝贵时光,用在读信、看文件或思考业务状况上,这将使你每天工作更加顺利。

16. 开会时间最好选择在午餐或下班以前,这样你将发现在这段时间每个人都会很快地做出决定。

17. 当你遇到一个健谈的人来访时,最好站着接待他,奇怪吗? 这样他就会打开天窗说亮话,很快就道出来意了。

18. 休息片刻,来杯咖啡、茶、冷饮,甚至只要在窗前伸个懒腰,就能够使你精神抖擞了。

19. 沉思:每天花片刻时间思索一下你的工作,可找到各种改进工作的方法,受益匪浅。

魔力悄悄话

时间就像海绵里的水,只要愿意挤总是有的。这是一代文学大师鲁迅先生对于时间所抱的态度,这种态度是非常值得我们学习的。

运用二八定律

二八定律又叫帕累托定律，也叫巴莱多定律，1897 年，意大利经济学家帕累托偶然注意到 19 世纪英国人的财富和收益模式，发现社会上 20% 的人占有 8% 的社会财富，即：财富在人口中的分配是不平衡的。同时也发现人们生活中存在许多不平衡的现象，因此，二八定律成了这种不平等关系的简称。人们所采用的二八定律是一种量化的实证法，用以计量投入和产出之间可能存在的关系。

当我们把二八定律应用到时间管理上时，就会出现以下假设：

如果快乐能测度，则大部分的快乐发生在很少的时间内，而这种现象在多数的情况里都会出现，不论这时间是以天、星期、月、年或一生为单位来度量。

用二八定律来表述就是：80% 的成就，是在 20% 的时间内取得的；反过来说，剩余的 80% 时间，只创造了 20% 的价值。一生中 80% 的快乐，发生在 20% 的时间里；也就是说，另外 80% 的时间，只有 20% 的快乐。

如果承认上述假设，那么我们将得到 4 个令人惊讶的结论：

结论一：我们所做的事情中，大部分是低价值的事情。

结论二：我们所有的时间里，有一小部分时间比其余的多数时间更有价值。

结论三：若我们想依此采取行动，我们就应该采取彻底行动。只做小幅度改善，没有意义。

结论四：如果我们好好利用 20% 的时间，将会发现，这 20% 是用之不竭的。

花一点时间去印证二八定律，几分钟也好，几小时也行。找出在时间的分配与所得的成就（或快乐）两者之间，是否真的有一种不平衡现象。看看你最有生产力的 20% 的时间，是不是创造出 80% 的价值；你 80% 的快乐，是不是来自生命中 20% 的时间。

这是非常重要的问题，不可轻视。也许你该把书本放下，去散个步，一直到你确定了你的时间分配是否平衡，再回来继续读。

我们对于时间的品质及其扮演的角色所知甚少。许多人根据直觉即可明白这个道理，而千百个忙碌的人并不知道学习管理时间，他们只是瞎忙。我们必须改一改我们对待时间的态度。

如果要你把自己最宝贵的20%的时间拿出来，去当一个好士兵，去参加一场别人认为你会参加的会议，或去做同伴都在做的事，或是去观察你所扮演的角色，不论是哪一项，你可能都不愿意。因为对你而言，上述这几件事都不必要。

若你采取传统的行动或解决方式，那么你就逃不出二八定律的预测，而把80%的时间花在不重要的活动上。

为了避免这种结果，你必须找出一种可行的方法来管理你的时间。问题是，若你不想被排除在世界之外，你能离传统多远？有特色的方法不见得全都能提升效率，想出几种，然后挑一个最适合你的个性的方法来进行时间管理。

运用二八定律，你可以很快地找到符合自己的时间管理方法。二八定律对于时间的分析，是与传统看法大异其趣的，而受制于传统看法的人，可从这个分析中得到解放。二八定律主张：我们目前对于时间的使用方式并不合理，所以也不必试图在现行方法中寻求小小的改善。我们应当回到原点，推翻所有关于时间的假定。

时间不会不够用。事实上，时间多得是，我们只运用了我们20%的时间，对于聪明人来说，通常一点点时间就造成了巨大的不同。依二八定律的看法，如果我们在重要的20%的活动上多付出一倍时间，便能做到一星期只需要工作两天，收获却可比现在多60%以上。这无疑是对于时间管理的一场革命。

二八定律认为，应该把重点放在20%的重要时刻上，而应削减不重要的80%的时间。执行一项工作计划时，最后20%的时间最具生产力，因为必须在期限之前完成。因此，只要预计完成的时间减去一半，大部分工作的生产力便能倍增，时间就不会不够用。

下面的例子将告诉你如何提高效率。

这些例子都是关于非传统式时间管理法的例子。当管理顾问的人，通常工作时间很长，还要面临多得令人发狂的事务。让我们看看下面3个管理顾问是如何管理他们的时间的。第一位是佛烈德,他从事顾问事业赚得千万财富。他并非商学院出身,却有能力设立一个成功的大公司,公司上下除了他以外,几乎每人一星期都要工作70小时以上。佛烈德很少进公司,每月只与股东开一次会,而且是全球股东都得参加的会议,他比较喜欢把时间用来打网球和思考。他以强硬手腕管理公司,但从不大声讲话,他通过5个主要部属来掌握公司的一切。这就是他的管理方法。

第二位顾问叫蓝迪,是位陆军中校。全公司里除了创立者以外,他是唯一的不是工作狂的人。他前往另一个遥远的国家,在那儿有一个快速成长的公司,员工主要来自家乡,工作非常努力。没有人知道蓝迪如何运用时间,也不知道他的工作时数是多少,但他的确逍遥自在。

蓝迪只参加重要客户的会议,其他事务则授权给年轻合伙人处理,他有时还编造荒唐的理由,解释自己为何不在公司。

蓝迪虽是公司领导者,却不管任何行政事务。他把所有精力拿来思考如何在与重要客户的交易中增加获利,然后再安排用最少人力达到此目的。蓝迪的手上从不曾同时有3件以上的急事,通常一次只有一件,其他的则暂时摆在一旁。为蓝迪工作的人充满挫折感,但他确实效率奇高。

第三位叫吉姆,他的办公室很小,里面还有很多同事,是一个非常拥挤且骚动的办公室,有人打电话,有人正准备着向客户做报告,屋子里到处是声音。

但吉姆好比一片平静的绿洲,把注意力全集中在分内的事上,他在运筹帷幄。有时他会带几位同事到安静的房间内,向他们解释他对每一个人的要求,不只是讲一两遍,而是再三说明,务求交代所有细节。然后,吉姆会要求同事重述一遍他们即将进行的工作。吉姆动作慢,看似毫无生气,且半聋,但他是非常棒的领导者。他把所有时间都拿来思索哪件工作最具价值,谁是最合适的执行者,然后,紧盯着事情的进度。

看完这些例子,你也许将开始运用二八定律来改善你的时间管理。

魔力悄悄话

一个人大部分的重大成就——包括一个人在专业、知识、艺术、文化或体能上所表现出的大多数价值,都是在他自己的一小段时间里取得的。

第十三章 效能思维

一个人的能力、精力有限,谁也不是超人,不可能一夜之间解决所有难题,做完所有事情。当一大堆工作同时压到你身上时,按"轻重缓急"的次序依次完成,是最合理的解决之道。暂且把那些杂七杂八的小事搁下,集中精力处理棘手的事情,安抚要求苛刻的客户。做好一件事,远比事事都尝试、最终却一事无成要强得多。

要事第一:给你的工作排号入座

遍布全美的都市服务公司创始人亨利·杜赫提说过,人有两种能力是千金难求的无价之宝——一是思考能力,二是分清事情的轻重缓急,并妥当处理的能力。

白手起家的查理德·洛曼经过 12 年的努力后,被提升为派索公司总裁一职,年薪 10 万,另有上百万其他收入。他把成功归功于杜赫提谈到的两种能力。查理德·洛曼说:"就记忆所及,我每天早晨 5 点起床,因为这一时刻我的思考力最好。我计划当天要做的事,并按事情的轻重缓急做好安排。"弗兰克·贝格特是全美最成功的保险推销员之一,每天早晨还不到 5 点钟,便把当天要做的事安排好了——是在前一个晚上预备的——他定下每天要做的保险数额,如果没有完成,便加到第二天的数额上,以后依此推算。

长期的经验告诉我们,没有人能永远按照事情的轻重程度去做事。但是你要知道,按部就班地做事,总比想到什么就做什么要好得多。我们工作中遇到的事情有的非常重要,有的却可做可不做。如果我们分不清事情的轻重缓急,把精力分散在微不足道的事情上,那么重要的工作就很难完成。

我们每个人每天面对的事情,按照轻重缓急的程度,可以分为以下 4 个层次,即重要且紧迫的事;重要但不紧迫的事;紧迫但不重要的事;不紧迫也不重要的事。

1. 重要而且紧迫的事

这类事情是你最重要的事情,是你的当务之急,有的是实现你的事业和目标的关键环节,有的则和你的生活息息相关,它们比其他任何一件事情都值得优先去做。只有它们都得到合理高效地解决,你才有可能顺利地进行工作。

2. 重要但不紧迫的事

这种事情要求我们具有更多的主动性、积极性和自觉性。从一个人对这种事情处理的好坏,可以看出这个人对事业目标和进程的判断能力。因为我们生活中大多数真正重要的事情都不一定是紧急的,比如读几本有用的书、休闲娱乐、培养感情、节制饮食、锻炼身体。这些事情重要吗?当然,它们会影响我们的健康、事业还有家庭关系。但是它们急迫吗?不。所以很多时候这些事情我们都可以拖延下去,并且似乎可以一直拖延下去,直到我们后悔当初为什么没有重视,没有早点来着手重视解决它们。

3. 紧迫但不重要的事

紧迫但不重要的事情在我们的生活中十分常见。例如,本来你已经洗漱停当准备休息,好养足精神明天去图书馆看书时,忽然电话响起,你的朋友邀请你现在去泡吧聊天。你就是没有足够的勇气回绝他们,你不想让你的朋友们失望。然后,你去了,次日清晨回家后,你头昏脑涨,一个白天都昏昏沉沉的。你被别人的事情牵着走了,而你认为重要的事情却没有做,这或许会造成你很长时间都比较被动。

4. 不紧迫不重要的事

很多这样的事情会在我们的生活中出现,它们或许有一点价值,但如果我们毫无节制地沉溺于此,我们就是在浪费大量宝贵的时间。比如,我们吃完饭就坐下看电视,却常常不知道想看什么和后面要播什么,只是被动地接受电视发出的信息。往往在看完电视后觉得不如去读几本书,甚至不如去跑跑健身车,那么刚才我们所做的就是浪费时间。其实你要注意的话,很多时候我们花在电视上的时间都是被浪费掉了。

我们可以按照上述的分类,将重要而且紧迫的事情定为 A 类,将重要但不紧迫的事情定为 B 类,紧迫但不重要的事情定为 C 类,既不紧迫又不重要的事情定为 D 类,在实际工作中,我们应该先干重要的事,即 A 类事情,这一类事情做得越多,我们的工作效率就越高。

魔力悄悄话

集中精力在最重要的事情上,是很多成功人士所奉行的重要原则,同时,也是我们高效完成工作,不把问题留给老板的一个重要前提。

制定任务清单，让工作更有条理

每天的工作不止一项，有时还会是一堆琐碎的小事，如果没有一个合理有序的工作秩序，东做一样，西做一样，不仅毫无章法，而且效率不高，甚至会完不成。有些员工会认为，都是一些小事不需要做规划。但是许多优秀员工的成功经验告诉我们，制定一个任务清单，能保证工作的条理化，是一个优秀员工必备的良好习惯。

当将要结束一天工作的时候，对照任务清单认真核实，有助于日事日清。养成每天做任务清单的好习惯，对以后的工作安排有很大的帮助。如果你想高效工作，学会列任务清单是必不可少的一项技能。

任务清单并不是要把一天的工作都罗列出来，而是要有顺序有技巧地排列，如何做好一份任务清单呢？有以下几点建议：

1. 任务要落到纸上

好记性不如烂笔头，再好的记性也不如写到纸上，做起事来也踏实，不用担心会漏掉什么工作。平时，我们总是在忙着一件工作的同时还惦记着下一件事，把工作都记下后，我们就可以专注于一件工作，而不会心有旁骛，效率自然会提高很多。

我们的大脑就像一个平行的处理器，幕前幕后的工作可以同时进行，写在纸上的事，脑子就会将这些事转移至幕后，就会产生一种潜意识，自觉地知道下一步该干什么事情。只要我们利用这种潜意识解决问题，就会发现它的作用相当惊人。

2. 简单明了

任务清单是为了把工作量化、细分，让我们的工作有条理性，所以一定要简单明了，用一些自己可以理解的关键词即可，一看就明白，这样可以节约编写任务清单的时间，同时也是很好的工作习惯。

要把任务清单列在一个专门的本子上，而不是记在一些小纸片、桌上的及时贴或是粘在冰箱上的字条。也不可以随意乱放，应该随身携带。

3. 时间是关键

做好任务清单,就是为了使工作有序进行,不拖延,所以时间是关键。看到任务就应该可以估算自己大概需要多长的时间去完成它,在任务清单的旁边制订完成各项任务所需的时间,严格按照规定的时间完成,不拖延,这也是对自己能力的考验与锻炼。

4. 定期检查

早上起床后的第一件事就是查看任务清单,这是一天工作的开始,是大部分成功人士的良好习惯。如果你确定要做的事都列在任务清单上,而且每天固定检查任务清单,你就绝不会因为忘记而没有完成任务。在福布斯二世的书桌上一直都放着一张记录重要事项的纸,这是他的个人管理系统中心,他说:"每当我觉得进退两难时,我就会看看这张纸,确定使自己动弹不得的事是否真的值得让我为难。"福布斯二世的这张纸上通常有20件事情,有电话、信件以及他必须口述的一小段专栏文章。他常告诫他人:"如果你没有一个固定的记事本记录你想要做的事,事情将永远无法完成。"

每做完一项工作就可以删除一项,如果没有及时完成,这个任务清单就形同虚设,所以必须严格要求自己,定时检查完成任务清单的进度。

5. 制定长期任务清单

任务清单不止限于一天的工作事项,许多善用时间的成功人士都会规划长期任务清单。基层员工也是一样,工作中要有自己的目标,工作都是有连续性的,不要只把眼光放在当下,应放远一点。即使不能预知下一步工作,也可以为自己的学习进行规划。

制定任务清单,按照清单上的计划去做,分配时间和精力,这样可以让你有效掌控时间,管理好时间。工作中,制定任务清单是每一个优秀员工的工作习惯,这样有利于工作效率的提高,同时体现出了员工认真严谨的工作作风,而这种科学习惯的养成对成功大有益处。

魔力悄悄话

认真地做一份任务清单,无论是大任务还是小任务,不但不会约束我们的行动,还可以提高我们的工作效率。

善做日常备忘录

　　每天在电视中露面最频繁的广告,大多是美国宝洁公司的飘柔、潘婷、沙宣、海飞丝、伊卡露、佳洁士、玉兰油等洗涤品、化妆品。这家创建于1837年的世界著名洗涤剂、化妆品公司,迄今已有170年历史。宝洁公司在全球的销售额每年平均为300亿美元。宝洁公司在全球70多个国家设有工厂及分公司,所经营的300多个品牌的产品畅销140多个国家和地区。

　　诚然,作为一家成功、出色的公司,必有它独特的过人之处。宝洁公司的法宝之一就是它的备忘录制度。宝洁的备忘录一般分为两类:信息备忘录和建议备忘录。

　　信息备忘录内容包括研究分析、现状报告、销售与市场份额汇总及竞争力分析;建议备忘录则是一种说服性的文件,重点包括:建议目的、背景信息、建议方案以及背后的逻辑讨论和下一步的做法。建议备忘录非常重要,那些希望晋升的品牌管理员工必须掌握建议备忘录的撰写技能。

　　备忘录大多不会超过4页。品牌管理人员如果想要升迁,最好先学会写备忘录。在宝洁,备忘录的写作甚至被当作一种训练的工具。对资历较浅的人员来说,一个备忘录重写10次是常见的事;成为品牌经理后,一个备忘录仍有可能被要求重写五六次。凭借不断地重写备忘录,宝洁希望能够训练员工更加周密地思考问题。

　　宝洁公司"一页备忘录"的结构如下:

1. 相关信息(发自谁、发给谁、转交给谁、日期)。

2. 标题。

3. 一句话总结备忘录的主要内容。

4. 3～4行总结备忘录的主要内容:

5. 相关背景资料介绍(2～3行)。

6. 备忘录内容(建议、意见、工作总结、信息共享等)。

7. 主要缘由、总结、工作计划等。

8. 下一步任务。

9. 签名。

在日常工作中,备忘录是一种很重要的方法。如果平时不记"备忘录",往往会因为工作忙而有所遗忘,这不但会造成工作的拖延,甚至会造成不可预料的严重后果。因此,养成做"日常备忘录"的习惯可以让你在落实责任时轻松很多。同时,它还能记录你的工作状况,让你能看清楚自己在某段时间里的变化,从而引导你采取正确的工作方法与技巧走向新的目标。

学会使用"日常备忘录"吧!坚持这个好习惯,因为它能帮你在工作中用最少的时间去提高效率,为你的成功提供有力的保证。

魔力悄悄话

当你每天早上打开当天的"备忘录",就可以找到你想要的东西;你可以把苦思冥想的时间省下来,用在其他的工作上;你总能知道你的约会、计划和文书工作,也会因不用分心于其他事而变得工作起来相当有效率。